林文二 著

鳳氣至純平、許倍榕 譯

文明開化來了

與路上觀察之神一同翻閱 明治時代的生活畫卷

文明開化來了

目次

文明開化
天然
氷

文
明
開
化
有色眼鏡

西曆	和曆		
868	慶應 4 年／明治元年	1890	明治 23 年
869	明治 2 年	1891	明治 24 年
870	明治 3 年	1892	明治 25 年
871	明治 4 年	1893	明治 26 年
872	明治 5 年	1894	明治 27 年
873	明治 6 年	1895	明治 28 年
874	明治 7 年	1896	明治 29 年
875	明治 8 年	1897	明治 30 年
87	明治 9 年	1898	明治 31 年
877	明治 10 年	1899	明治 32 年
878	明治 11 年	1900	明治 33 年
879	明治 12 年	1901	明治 34 年
880	明治 13 年	1902	明治 35 年
881	明治 14 年	1903	明治 36 年
882	明治 15 年	1904	明治 37 年
883	明治 16 年	1905	明治 38 年
884	明治 17 年	1906	明治 39 年
88	明治 18 年	1907	明治 40 年
88	明治 19 年	1908	明治 41 年
887	明治 20 年	1909	明治 42 年
888	明治 21 年	1910	明治 43 年
889	明治 22 年	1911	明治 44 年
		1912	明治 45 年／大正元年

導讀

蔡錦堂（前臺灣師範大學臺灣史研究所教授）

研究日本明治文化達三十五年的研究家，也是從大學時代起即長年觀察審視馬路上「人孔蓋」的奇特「路上觀察家」林丈二，他的著作《文明開化來了》其實對日本江戶中後期，以及明治文明開化期的日本文化，特別是庶民生活文化有興趣或思考研究的人，甚至想探究明治時代浮世繪風格插畫者來說，都很值得閱讀和欣賞。

林丈二現年（二〇一九年）七十二歲，雖然不是歷史、民俗、人類學等人文學系出身，而是日本武藏野大學美術系出身，但或許因為其美術科系的背景，以及他對身邊事物觀察的敏銳，這本《文明開化來了》有別於傳統歷史學、文化史學等使用史料或理論等來建構文化史的模式，而是利用明治初期到三〇年代，日本的新聞（報紙）、雜誌裡的非文字資料「插繪」（部分是「廣告」），配合報紙社會新聞記事，來解讀、詮釋、建構他獨特的「丈二流」日本明治時代的文明開化史，因此顯得與眾不同，特別值得推薦。不過也因為這本書與眾不同，讀者在閱讀之前，有必要對書中的幾個基本概念先做瞭解，應當會減少閱讀上的疑惑不解，也可增加解讀的興味。

首先必須理解的是作者已七十多歲，因此寫作手法與現今臺灣一般坊間的流行書刊方式不同；加上這本書原是寫給日本人看的，因此日本歷史、文化的專有名詞、概念或想像，對於臺灣讀者來說，不見得可以迅速理解接受。即使本書日翻中的譯者已相當努力增加註解，減少讀者在閱讀上的困擾，但相信還有不少需要解釋的地方，或許讀者也可以來回多讀幾遍，或者上網google一下，將有更深層的體會。

其次，建議讀者可以先閱讀全書開宗明義的〈前言：開化的外行人〉這篇文章（頁一八—二一）。這篇〈前言〉的日文原文是：「開化のチョビ助—まえがきにかえて」。「チョビ助」這個名詞不太容易翻譯，因為中文沒有對應詞。它的意思是「不懂裝懂的外行人」或「外行充內行、假內行」，本書譯成「外行人」，雖不完全達意但較簡潔。為什麼這裡要先提出「チョビ助」這個詞彙，主要是因為本書日文原名主標題「文明開化がやって来た」（文明開化來了）和副標題「チョビ助とめぐる明治新聞挿絵」，直接譯成中文為「與チョビ助一起環繞明治新聞插繪」，此乃作者謙稱自己是外行充內行的チョビ助，希望讀者能與作者這位チョビ助一起環繞著明治期新聞插繪進行觀看。〈前言〉中的「開化のチョビ助」就是呼應書名的副標題，表示（作者）是文明開化的外行人，但裝作內行與大家共同觀察日本的文明開化（但實際上作者是相當內行有研究，觀察力也非常突出且有見地）。

再者，需要瞭解的一個關鍵詞是「新聞插繪」（插畫）。日本在江戶幕府末期到明治初期，由西方傳來了「新聞」（報紙）這個新媒體。以文字為主體的報紙或雜誌媒體，為了幫助讀者理解報紙雜誌內文字或文章內容，會加入一些「插繪」。其實在早期十二世紀的日本，即有利用插繪將文學作品視覺化的作法，例如《源氏物語繪卷》，即是將宮中女流作家紫式部以假名所撰著的、日本最古典的長篇貴族戀愛生活小說《源氏物語》，配上傳統大和繪的插畫繪卷。江戶時代中期的所謂「草双紙」小說出版物，也已納入由浮世繪師繪製的黑白畫作，增添出版物的可讀性與娛樂性，以刺激出版品銷路。時代進入明治初期，新媒體的報紙雜誌逐漸盛行後，所謂「繪入新聞」（含有插畫的報紙）也開始發行，本書多次引用的資料《東京繪入新聞》即是其中的先驅之一。這些「繪入新聞」會在報紙記事內加入插繪，除了以插繪協助讀者瞭解記事內容之目的外，主要也是因為明治初期報紙雜誌的印刷技術還無法利用「寫真製版」，即使當時已有照相技術，但印刷只能以傳統的「木板」製版再印製，因此江戶時代的「浮世繪」繪師大量被起用。本書中大部分的插繪大都帶有浮世繪風格，就是因為這個原因。（附帶一提，本書也使用了少數幾張屬於「漫畫」形式的插繪，如書中第一九一頁（原書頁一七九，法國漫畫家喬治・比果的諷刺漫畫，也是屬於印刷技術尚未進展至寫真製版時期的另一類插繪形式。）

浮世繪盛行於十八、十九世紀的江戶時代。「浮世」二字的日文讀音為うきよ（ukiyo），起源於佛教的「憂世」（發音亦為うきよ，ukiyo）思想，但由於江戶時代「芝居・遊廓」（劇場、妓院）等的享樂盛行，庶民間逐漸形成以「享受現世」的「浮世」詞彙，取代佛教「憂世」的概念。在還沒有近現代以攝影照相記錄影像的江戶時代，日本的繪師細膩地描繪出市井庶民日常生活、男女老幼的衣著、化妝、髮型、職業，特別是當時江戶、大坂、京都常設的「芝居小屋」（劇場）的演員裝扮、舞台場景，其中遊廓妓院的女性服飾、風情等尤其受到畫者的鍾愛，這些畫作即被稱為「浮世繪」。這些浮世繪師的畫作當時透過出版社（繪草子屋）的安排，經過雕刻師的木板雕製，與被稱為「摺師」的印刷職人的刷印，於是以一幅幅的浮世繪「版畫」面世。不同於只是單獨一張而不能重複刷印的「肉筆畫」，浮世繪的形式如同現今的版畫可大量印製，而且後來又發展出更精彩、可多色製版印刷的「錦繪」模式。因為浮世繪可大量以版畫多色複製印刷，所以價格低廉，而且繪畫主題（如劇場、遊廓，後來增加風景名勝）貼近一般庶民生活，一躍成為當時深受喜愛的人氣商品。眾所周知的著名浮世繪大家，如喜多川歌麿、東洲齋寫樂、葛飾北齋、歌川廣重均是十九世紀江戶後期的浮世繪師。尤其歌川廣重的《東海道五拾三次》、《名所江戶百景》不僅成為浮世繪的重要作品，也對梵谷等西方印象派畫家產生相當巨大的影響，甚至成為後代日本學者解讀江戶歷史地景的重要史料（可參閱竹村公太郎，《藏在地形裡的日本史》，遠足文化）。

不少浮世繪師在進入明治時代後，成為報紙雜誌新媒體「繪入新聞」的插繪繪師。本書作者於書中引用的新聞插繪師如歌川國松、水野年方、松本洗耳等人，即是明治時代的浮世繪師，他們仍然依循江戶時代浮世繪的描繪模式，只不過他們的插繪已不再是「錦繪」式的多色彩浮世繪，而是因應明治時代報紙印製方式繪製「黑白」色調插畫。他們以明治時代一般庶民生活景致作為題材的「浮世繪」風格插繪作品，下筆細膩生動而寫實，正好提供觀察力敏銳的本書作者，詮釋明治庶民「文明開化」的最佳非文字史料。

〈前言〉第三段的標題「社會版新聞發展為新聞小說」，原文是「三面記事が新聞小説に発展」。所謂「三面記事」指的是登載在報紙第三版的「社會新聞」。明治初期日本多數報紙為發行四個版面的報紙，第一、二版通常為政治與經濟新聞，第三版則為社會記事。在此時期因為報社數量增加，競爭漸趨激烈，為了刺激、提升發行量，因此第三版多為殺人、搶劫、事故等聳動聽聞的「報導」，而這些報導並非如現今由接受過新聞傳播訓練的「記者」據實採訪撰寫，大都藉助原江戶時代創作文學作品的小說家（當時稱為戲作家）來編寫，因此內容比真實社會新聞來得聳動且嗜血（如同今天報紙雜誌的「八卦版」），雖不見得符合實情，但深具吸引人心、情感的小說風味。本書共收錄二十個篇章，例如第一篇是「說到文明開化，就是散切髮啦」，每篇主題之後，會接著標示出該篇主題係引自哪一份報紙揭載的哪一篇「社會新聞記事」，例如第一篇即是引自「明治十六年九月二十八日《繪入朝野新聞》〈旭山幟的由來〉第六回」。讀者閱讀時必須心裡有數，這篇社會版新聞，實質上是來自於〈旭山幟的由來〉第六回的「新聞小說」，也就是文章內容看來如同在欣賞江戶時代風格的社會小說，但它其實是刊登在明治時代的報紙之中。而本書各篇章中有時會突然出現某些人名或地方的敘事，也只是作者在引出新聞記事中的「小說情節」。先有這樣的心理準備，閱讀本書應該會相當有趣，也比較不至於摸不著頭緒。

〈前言〉中另一個重要的概念是，例如以圖一（頁一九）和圖二（頁二〇）作比較，雖然兩幅圖都是具有江戶時代後期浮世繪風格的「芝居調」（戲劇風）黑白繪圖，圖二比較起圖一，最大的不同在於圖一是沒有背景的單純人物動作插繪，但圖二則在人物之外富含眾多背景資訊圖繪。也就是說，作者非常細膩地觀察圖二這類圖繪的背景資訊，將明治初期到中期日本報紙中出現的插繪（或廣告），運用其中人物或背景所透露廣大庶民食衣住行等生活資訊，來解讀並建構他的明治庶民生活史，進而寫出這本與眾不同但又有根據的《文明開化來了》。他的根據就是作者在〈前言〉最後一段所說的：「本書的主角便是新聞小說的插畫」。

我們可以看看第一章〈說到文明開化，就是散切髮啦〉的附圖（頁二三），作者擷取明治十六年九月二十八日的《繪入朝野新聞》插繪，深入地觀察頗具浮世繪風格的附圖，並將其中與明治時代文明開化相關的事物，以阿拉伯數字號碼標示出，再逐一對照參考相關史料或圖檔，說明這些事物的「文明開化史」。又如第四章的〈夏季客人的款待之道〉之附圖（頁五三），或者第六章篇的〈冰店的季節〉附圖（頁七〇—七一），都可以讀出作者觀察的細微與史料查證的努力。這也是本書引人入勝之處。

當然，作者並不是就新聞小說的插繪來隨意擷取、詮釋。依據作者在全書最後的〈外行人的後記〉中所言，他花費三十五年以上的時間，跑遍了日本的國會圖書館、江戶東京博物館圖書室，閱讀選取關注的明治時代新聞記事、插繪與廣告，並參考和利用了許多日本從江戶明治時代以來的「風俗誌」、「生活世相史」、「文化史」等參考文獻（可參閱本書最後的主要參考文獻）。因此，這本書雖是以利用新聞插繪分析詮釋為主軸，但實際上作者耗費了相當多時間和功夫蒐尋非文字資料的插繪，並與史料相互對照印證，而創作出這一本著作，其所使用的研究手法實在非常值得我們稱許並仿效學習。

或許讀者記得或曾經閱讀過陳柔縉在二〇〇五年出版的《臺灣西方文明初體驗》，這本書也刺激了臺灣學界甚至坊間開始注意日本統治時期的「文明開化史」。陳柔縉在全書中介紹並分析日治時期臺灣的咖啡．巧克力．牛肉．自來水等飲食，牙刷牙膏．電話．電燈．鐘錶等日常生活用品，公園、銅像、游泳等事物。如果與本書《文明開化來了》作比較，在分析討論近代化與文明開化方面，兩者頗有異曲同工之妙，但陳柔縉是利用日治時期的報紙、雜誌、圖書等資料為主，也使用了許多照片、廣告，以時間點來看，陳柔縉的著作以一九一〇年代以後的資料為多；而本書《文明開化來了》則以一九一〇年代以前報紙上的「三面記事」（社會版）新聞小說中浮世繪風格的「插繪」為主要分析對象，讓日本明治時代民眾生活中的「文明開化」，藉著圖繪與文字解說活生生的映照在吾人腦海與眼中。

雖然林丈二的《文明開化來了》成書於陳柔縉書籍出版的十年之後，但林丈二開始醞釀著手收集插繪資料與撰寫卻是在三十五年前，令人不得不稱許他的「慢工出細活」。

在《文明開化來了》裡，可以看到作者藉新聞插繪敘述分析明治日本庶民生活樣貌的變化，但是不可諱言的，也可以嗅到相當多的江戶時代的遺風存在。這就告訴了我們，即使在明治維新期來了之後，日本庶民百姓並不會因為新時代的來臨，便一刀兩斷將既有生活風貌完全剔除乾淨，而是呈現漸進式的轉變，或快或慢。

最後，筆者想提出的一件事，作者林丈二的名字「丈二」，本身即非常的「文明開化」。明治時代以前，日本人很少使用這樣的「洋」名字。「丈二」的日文發音為「ジョージ」，如同西洋名的「George」（喬治）。在日本統治時期，臺北帝國大學土俗人種學教室（今臺灣大學人類學系前身）著名的首任講座教授、美國哥倫比亞大學博士移川子之藏，將他的小孩命名為「移川丈兒」。「丈兒」和「丈二」一樣，都唸做「ジョージ」＝「George」。

或許，作者「林丈二」命中注定與「文明開化」有不可解的淵源。

譯序

鳳氣至純平

本書是《文明開化がやって来た―チョビ助とめぐる明治新聞挿絵》（東京：柏書房，二〇一六年）的中譯版。作者林丈二的處女作也是成名作《人孔蓋（日本篇）》（一九八四），後來又出版了《人孔蓋（歐洲篇）》（一九八六），顧名思義，兩本書分別彙整作者過去拍攝日本／歐洲各地的人孔蓋照片。從該書的內容可知，他喜愛街頭漫步，並且注意一般人較不會發現、不起眼的事物。一九八六年，他與赤瀨川原平、藤森照信、南伸坊、松田哲夫等人共同成立「路上觀察學會」，觀察、鑑賞隱藏在街頭的建築物、看板、海報等通常不被認為景觀的物品，並曾經共同編著不少相關書籍。

除了「路上觀察」之外，林丈二也相當熱中於閱讀並整理明治時代報紙的報導、文章。他將資料輸入電腦，建立起自己的資料庫。二〇〇〇年時已累積五萬筆新聞報導的資料庫，不難想像，時至今日數據一定更為可觀。本書的書寫即以這個龐大的資料庫為基礎，同時如本書介紹所提到的，作者是以「街頭視線」來詮釋這些資料。具體而言，本書透過當時報紙連載小說的插畫來解讀和推測明治初期到中期都市日本人的生活樣貌和變化。雖然是小說作品的插圖，但如林丈二所言，插畫不一定完全配合小說情節內容，甚至經常出現插畫先完成的情形，因此插畫家其實擁有很大的自由發揮空間。相對的，小說文字往往無法充分說明插畫裡所有的意涵。因此，林丈二不僅依靠其「資料庫」與知識，同時也發揮豐富的想像與聯想，以「偵探」般的觀察力找出一張圖片的蛛絲馬跡，仔細探究插畫裡的各種物品及挖掘潛藏其內的故事，並進一步分析那個時代的特徵與社會氛圍。

舉例來說，在第四章〈夏季客人的款待之道〉，作者將視線移向可能與小說劇情完全無關、放置於主人與客人中間的各種小物品，如菸草盆、坐墊、熱水壺、砂糖壺等。對於砂糖壺，作者注意到它的尺寸大於一般的砂糖壺，於是猜測裡頭裝入了方糖，並藉由報紙廣告來證明當時已經有方糖。該章最精彩的地方，便是作者透過「推理」，解析小說人物到底是喝紅茶還是喝咖啡？他從各種角度推敲，諸如：插畫家歌川國松的姊夫是英國人、杯子的形狀、當時日本紅茶的普及狀況等等。讀者隨著林丈二的推理過程，而認識這些來自西洋的物品是在什麼年代、以何種形式傳入，並且普及日本。

除了上述作者鉅細靡遺的分析，本書最耐人尋味的是，日本人如何「自然而然或勉強地」（借用作者說法）接受這些西洋物品。對日本歷史稍有了解的人都知道，日本經歷江戶末期的「開國」（一八五四年，即開始與歐美各國往來、通商），以及明治維新（一八六八）的動盪時代，幾乎一面倒地邁向近代化（＝西洋化）之路。縱然如此，此「近代化之路」並非一朝一夕，也非一拍即合，而是經歷了一段磨合、衝突與躊躇的漫長過程。作者林丈二以其獨特的視角看待這個混亂的時代：

「無論文章或插畫，明治時代的報紙以三〇年代以前較為有趣。有趣之處不在於歷史，而是因為與日本人的生活息息相關。大致上是日俄戰爭之前的年代。那是江戶時代出生的日本人正面對文明開化浪潮，並且想盡辦法跟上這波潮流的時代。而那也是人們冒著冷汗，小心翼翼地不要扣錯和服底下的襯衫鈕釦的時代。對生活幾乎完全歐美化的日本人（例如我）來說，不禁會想：「咦？你竟然這麼做？」「咦？為什麼？」等等，這些江戶式日本人的舉動及不斷摸索的過程，讓人感到興味盎然。」（引自〈外行人的後記〉）

書中有幾篇與理髮、洗髮相關的文章，當時有一句話「拍拍散切頭便會聽到文明開化的聲音」（散切り頭を叩いてみれば文明開化の音がする），顯然，「斷髮＝散切頭」是民眾文明開化的象徵。縱然如此，誠如作者所言，當時民眾剪掉丁髷後，感到頭部有些空蕩，因此日本男子之間開始流行戴帽子，但穿著卻仍維持原本的和服，展現了「和洋混搭」不太協調的模樣。可見在文明開化（＝西洋化）的過程中，不少日本人感到困惑和遲疑，也做了各種「和洋折衷」的嘗試。

值得一提的是，作者的視線也投向都市貧窮階級，書中有幾個章節描述了「裏長屋」的生活樣貌，如〈長屋的保母〉、〈貧窮與病人〉、〈貧窮中的餘裕〉等，並強調並非所有人都能立即享受到文明開化的結果，特別是窮人階級與偏鄉地區的居民。可以看到，作者嘗試從各種視角重新詮釋以往以「文明開化」一言帶過的，明治前半期及日本老百姓的多元樣貌。

最後，讀者不妨也將本書的時代放在臺灣史的脈絡。日本對臺的殖民統治始於一八九五年（明治二十八年），也就是說，正好處於本書討論年代的尾聲。臺灣總督府原本期望來臺的日本人，面對「未開化」的臺灣人能夠扮演「文明、進步」的楷模形象，但如前所述，這個年代正是文明開化的過渡期，甚至有些鄉下地區出身的日本人根本從未體驗華麗的都市文明生活，依然生活於舊時代的環境裡。在〈簷廊上洗髮〉裡，一位婦女在開放的旅館簷廊，而且是在弟弟面前裸露上半身洗髮。作者對此附上評語：「這就是明治時代吧。」其實日本人對裸體的認知，也是在明治維新後出現了變化。當時日本的西方人士經常在文章裡提及，他們看到日本人無論男女都在戶外大剌剌地露出上半身甚至下體，無不大感驚訝。[1]而事實上，日本開始統治臺灣的兩個月後，也就是一八九五年八月，當局曾對在臺日本人發布命令，明訂「禁止露出胯下外出」，不難想像，早期來臺的日本人當中，仍然有不小的比例維持著原本的生活習慣。

另外還有一則當時臺灣的報紙插畫，內容是一位帶有醉意、身穿簡便和服的日本人在街頭小解，被一名身穿整齊西式官服的臺灣人巡吏糾正，結果日人忍不住破口大罵：「什麼？你管我？你這個清國奴（チャンコロ）。」而臺灣人則義正辭嚴地說：「不，這是我的工作，你做出這種事，沒資格責罵土人（按：在此指的是『臺灣漢人』），外國人也會笑你的。」諸如此類，扮演「文明楷模」的日本人屢屢被糾正其「不文明」的行為，可見至少在日治初期，所謂「文明進步的日本人／未開落後的臺灣人」的界線並非如此明顯，後來這條界線是在哪些生活層面上被強加的？目前雖有不少研究涉及此議題，但似乎仍有不少需要探究的細節。透過本書，我們可以想像當初以殖民者身分來臺的日本人，其思維、行徑與真實樣貌，至於臺灣人如何面對這些尚處於「過渡期」的日本人，或許是閱讀本書後可以延伸探討的課題。

註釋

1 渡邊京二的《消逝時代的風貌》（逝きし世の面影，東京：平凡社，二〇〇五）搜羅諸多江戶末期至明治末期來日的西方人的旅記、報導、研究報告等，釐梳他們對甫接觸西方文明的日本人之表象。

前言
開化的外行人

開化的外行人來了！「像我早餐喝咖啡和牛奶、吃兩顆雞蛋；午餐是ソップ（soppu）；晚餐吃牛排和喝點洋酒。」結果吃壞了肚子。明治九年的《東京繪入新聞》[1]刊登了這樣的文章。「ソップ」（soppu）就是「スープ」（soup，湯），「チョビ助」（chyobisuke）[2]指的是不懂裝懂的外行人，也就是我的同類。到底會出現多少這種我不懂卻裝懂的話題呢？請先往下看看。

本書介紹明治時代的報紙插畫。運用「插畫」這樣的時代投影器管窺大約一百年至一百四十年前日本人的生活。從中可以看到現今已相當罕見，可謂日本人根柢的民眾樣貌與生活。此外，也希望鉅細靡遺地探討明治維新之後日本人對於進入生活的「西洋」，自然地或不自然地吸收的樣子。

社會版新聞發展爲新聞小說

先看過來這裡吧！明治時代曾經有「附插畫的報紙」。從報紙名稱便可以知道的，有《東京繪入新聞》、《繪入朝野新聞》等，因為是「繪入」（插圖），所以是以「畫」為賣點。

圖一　《平假名繪入新聞》第一號的插畫。戲劇風的構圖。

明治八年四月十七日發行第一號的《平假名繪入新聞》（《東京繪入新聞》的前身），刊登了一張插畫（圖一）。這是以「插圖」為賣點的報紙上首度出現的插畫。換言之，該報是以這張畫賭上自身的前途。確實像畫面上的情景，若以照片報導的話，就算是現在也會有人衝去買吧！總之，那是一個沒有其他媒體報導這些事件的時代。

明治九年，日本當局發布禁止帶刀的廢刀令。當時有這種揮舞日本刀的男人（吉岡某，二十一歲）是可以理解的，畫中警官穿著洋服和鞋子，而年輕男子已經是散切頭[3]。也就是說，當時日本已經有這種程度的「西洋」進來了，而且看到警官只拿著木棒對抗日本刀，讓人不禁懷疑，「喂喂，沒問題嗎？」光是這樣，這張插畫便已潛藏著各種耐人尋味的話題了。

圖二　比起早期，連背景都描繪得鉅細靡遺

話說回來，這個姿勢很像在演戲。總之就是要擺出帥氣的姿勢，這是當時插畫的特徵。因為只用一張圖片來說明當時的事件，因此大都不會畫背景。但不知從何時開始，也會描繪相當於戲劇舞台裝置的背景，看起來資訊量更加豐富了。如此一來，除了文章內容之外，也會看到當時的日常風景，像是那時習以為常的物品，或使用的日用品等，這些東西宛如時光機般投影出那個時代。

社會版新聞是講談[4]

《繪入朝野新聞》在明治十六年一月二十二日發刊，比《東京繪入新聞》晚了八年。我們來看看創刊號中〈女士出席演說會〉這篇文章的插畫吧（圖二）。內容是越後國（現日本新潟縣）蒲原郡柏崎的西福寺舉行政談演說會時，一位名叫西卷開耶的美麗女子，因為朗讀祝賀文章而立即被逮捕。她到底有多美呢？（以下請以講談師的口吻朗讀）「因為名叫開耶，她的前額讓人聯想起朝霞裡浮現的富士山峰，芙蓉般的眼尾，丹花般的雙唇，肌膚恰似越路[5]之雪。當時她十七歲，會場又剛好是佛寺，彷彿仙女下凡，朗讀祝賀文的聲音清越玲瓏，宛若迦陵頻伽鳥的鳴叫聲……」差不多如此。（艱澀的單字請自行查閱字典）

藉由這種講談風格的文章，和畫家猶如親眼見過般的插畫，將妙齡女子在眾人面前演說的不像話情況如實報告。對於當時的庶民，這是一個讓人不禁發出「喔！」的驚呼且興奮不已的事件。

當時的插畫報導很有趣，這也難怪，執筆者大都是舊幕府時代的戲作者，也就是現在的小說家。若事件內容稍微複雜一點，戲作者的想像力與表現力便會交織在一起，根本無法一次寫完。於是出現了連載作品，將一個單純的事件報導寫成長篇，進而演變為「新聞小說」。

本書的主角便是新聞小說的插畫。一張插畫到底有多少資訊呢？就由我這個裝懂的外行人來介紹吧！敬請期待。

說到文明開化，就是散切髮啦

明治十六年九月二十八日《繪入朝野新聞》

〈旭山幟的由來〉第六回

場景設定於明治八年十一月大阪淀屋橋的理髮店「富士床」[1]。

明治四年八月九日發布了「許可斬髮」的公告，即所謂的「斷髮令」，「斬髮」就是「斷髮」，也稱為「散髮」。公告內容是「可自由斬髮」，即「散髮也無妨」，因此並非馬上就要把丁髷[2]剪掉。事實上，要立刻付諸行動剪掉長年習慣的丁髷，需要一點勇氣吧。然而，明治天皇在明治六年三月散髮之後，庶民中主動剪去丁髷者也逐漸增多。有一份資料顯示，明治五年時散髮普及率是百分之十，明治八年是百分之二十，明治十年是百分之四十，明治十三年則升至百分之七十。（藤澤衛彥，《明治風俗史》）

第一間散髮所

日本人經營的第一間散髮所，是橫濱的小倉虎吉在明治二年開設的店。當時尚未發布斷髮

散髮店富士床
BARBERS FUJIDOKO.
❶ 玻璃門
❷ 大鏡子
❸ 油漆看板
❹ 有平棒
❺ 散髮用的道具類
❻ 撐著蝙蝠傘的羽織婦人

令，因此客人是外國船的船員等，以外國人居多。虎吉原本是梳頭師傅，但據說他上外國船為船員剃鬍子時，觀察船內理髮師的技術並加以模仿學習。

接著我們來看看斷髮令公布後第四年開設於大阪的「富士床」。明治十六年的插畫家如何忠實地描繪明治八年大阪散髮店的樣貌呢？

誰畫了富士床？

我們先從「繪製『富士床』的插畫家是誰？」這個問題開始談起，因為沒有署名，也沒有落款，從講究細部的畫風來看，在當時《繪入朝野新聞》專屬的插畫家當中，很可能是銀座出身，具有江戶人的氣質且性格一絲不苟的尾形月耕；

圖一　明治19年10月15日《繪入朝野新聞》

或是江戶下谷出身，卻經常往返於橫濱與東京之間的歌川國松，很可能是他們當中的其中一人吧。不過當時這兩人都未曾去過大阪，所以可以合理推測，他們可能參考了在「東京或橫濱」營業的散髮店。特別是國松，他從十歲左右就住在橫濱，搬到銀座之後，開了一間舶來品雜貨店，因為他喜歡西洋器物到這種程度，所以我猜測是國松。

❶玻璃門

首先值得注意的是「玻璃門」。在明治八年時，這麼大方地使用玻璃的店鋪應該相當罕見吧，光是這一點就可以造成話題。因為從店外可以窺見店內，是視野透明的文明開化。那扇玻璃門是敞開的，因為採光非常充足，店內十分明亮。日本版畫原本就沒有陰影表現，多虧這一點，才能描繪得如此鉅細靡遺。如同玻璃門的專利一樣，出現於報紙插畫的散髮店一定附有玻璃門（圖一、圖二）。

圖二　明治23年2月6日《大和新聞》

其中，圖一《繪入朝野新聞》的散髮店有「國松」的落款。從玻璃門木框的描繪方式，和「富士床」幾乎出如一轍這點來看，可以斷定「富士床」應為國松所畫。

玻璃板於明治四十三年開始國產化

雕刻家高村光雲在《光雲懷古談》中提到安政六年（一八五九）前後，只有神田於玉池[3]一間名為「佐羽」的唐物屋使用玻璃門。唐物屋指的是販賣舶來品的雜貨店、洋貨店，那麼到底玻璃板是不是舶來品呢？

令人意外的是，日本的工業製品玻璃板國產化遲至明治四十三年才開始。最初是兵庫縣尼崎的「旭硝子」[4]。這麼說來，全部都是舶來品囉。明治六年二月二十八日《東京日日新聞》的廣告也出現了「法國製鏡子」、「玻璃類」、「販賣各種尺寸的舶來玻璃鏡」，實際上當時很多玻璃板、玻璃鏡都是從法國、比利時進口。

然而，據說在江戶中期一七四〇年左右，日本人早已借助葡萄牙所帶來的製作方法，開始在泉州堺（譯按：日本大阪地名）製作玻璃板了。不知道這是否稱得上是手工業，大部分的玻璃板都是為了製作玻璃鏡，大的有二十公分，一年生產三千片；小的有五到六公分，一年生產四萬片左右。尺寸有其侷限，可能是因為要製作出不會碎裂的厚度有相當的難度。

❷大鏡子

在「富士床」店內，透過左方的玻璃門，可以看見一片四角形的大鏡子。這種大小的鏡子想必是舶來品。對客人來說，特別是男性，平時很少用這麼大的鏡子來端詳自己的樣貌，所以應該有些客人暗自將此當作樂趣而前來吧。而且鏡子映照出的世界很不可思議，光是這一點就相當具有魅力。店家以稍微前傾的方式設置鏡子，對客人來說，這種安排能更全面地映照出自己的姿容，而理髮師也能看得更清楚。插畫家——可能是國松，真的觀察得夠仔細了。

齋藤月岑在《武江年表》裡寫道：「大略地列舉最近（明治六年）社會上風行之物」，在東京流行的事物當中，除了「髮揃床」（散髮店）、「玻璃漏障子」（譯按：玻璃門）之外，也列舉了使用玻璃的「鏡子」。「富士床」雖位於大阪，但它在明治八年開業。暫且不談東京與大阪有多大的差異，至少可以知道，從明治六年到八年之間，所謂的文明開化在都會地區已經開始普及。

小泉和子所寫的《家具》裡提及：「十七世紀初開始在長崎製造玻璃鏡，到了幕末，大阪成為主要產地，生產量也大幅增加，進入明治時代之後，則完完全全成了玻璃鏡的時代。」換言之，說起玻璃鏡與玻璃板，關西是先驅之地，因此這間「富士床」位於大阪未必是偶然。

❸油漆看板

店家看板上的英文「BARBERS FUJIDOKO.」很可能是以油漆書寫，若是如此，當時已經有油漆塗刷的行業了。翻閱幕末到明治時代的攝影集，外國人居留地的店家看板皆為橫式西洋文字，大部分使用（看似）油漆的塗料書寫，而木造西式房屋的外牆當然是以油漆塗刷。也就是說，不只是油漆，連油漆業者也一起進來了。

嘉永七年（一八五四），培理（Matthew Calbraith Perry）將軍再度來到神奈川外海，為了塗刷當局與培理交涉時所在的建築物，江戶的塗刷師傅町田辰五郎向美國人學習了油漆的塗刷法，於是日本人的油漆塗刷歷史便由此展開。

明治四年四月，在東京日本橋附近，常盤橋御門外有一家梳頭店擺出了「散髮店」的看板。這位店家曾在橫濱當學徒，名叫川名浪吉。他開店時，以油漆繪製了看板，據說這是東京油漆塗刷的開端。當時取得油漆是相當困難的事，因此他到海軍那裡請求分給他一些油漆，好不容易才勉強完成了「寬三寸長二尺五寸的看板」。除此之外，川名的店還設置了大型全身鏡，也有旋轉椅，使用西洋剪刀，甚至室內的裝飾也請教了外國人的意見，總之是很講究的西洋風格。

因為當時已經有這麼摩登的散髮店，「富士床」的插畫很可能是從川名的散髮店取得許多題材繪製而成。若是如此，這張插畫裡的看板無疑是油漆塗刷的吧。

❹有平棒

豎立在店家門口左邊的「條紋螺旋花樣棒子」，當時也稱為「糖果棒」或「有平棒」（Aruhei 棒）。「Aruhei」即「有平糖」，是室町時代進入日本的南蠻點心[5]。因為長得很像有平糖的糖果棒而稱為「有平棒」，而且大都是紅白藍三色或兩色條紋做成螺旋花樣。

這個「有平棒」也在明治四年豎立於川名浪吉的店門前。很可能是以油漆塗製而成，若油漆量用於看板上已經很勉強的話，那麼其餘的地方就只能用布包捲了。此外，明治五年三月《名古屋新聞》的報導寫道：「東京府下有將近三千家的結髮店，近來店家在紙門上標示『英法髮Hasami（ハサミ）所』[6]，並於店門口豎立看板，是一支紅藍相間的螺旋棒，高約九尺，尖端附有金球」。「富士床」的棒子頂端也附有寶珠，應該也是金色的吧。

「結髮店」指的是「梳頭店」，後來梳頭師傅學會散髮的技術，店鋪名稱也因此變成了「散髮店」或「理髮店」。

❺散髮用的道具類

在此，請各位看看明治十八年《東京商工博覽繪》收錄的東京深川「理髮道具製造批發所長信博」的廣告圖（圖三）。首先逐一觀察這些道具，然後再回顧本書第二十三頁國松的插畫，便可知道其觀察力之精準已深入每個細節。

【散髮用的西洋剪刀】

椅子很沉穩地置於店中央，想必是國松喜愛之物，但在此暫且不提。透過左方的玻璃門，可以看到大鏡子前的櫃子上放置了一把「剪刀」，它的形狀是「西洋剪刀」。前面提到的「英法髮Hasami所」，「Hasami」果然就是散髮業的主角「剪刀」。明治十年，一位名叫友野釜五郎的鑄刀師傅，製作出第一把國產剪刀。一些資料顯示，以前都用「花剪刀」修剪頭髮，但那是二流以下散髮店的做法，由此可以推測「富士床」的剪刀應該是進口的理髮剪刀吧。

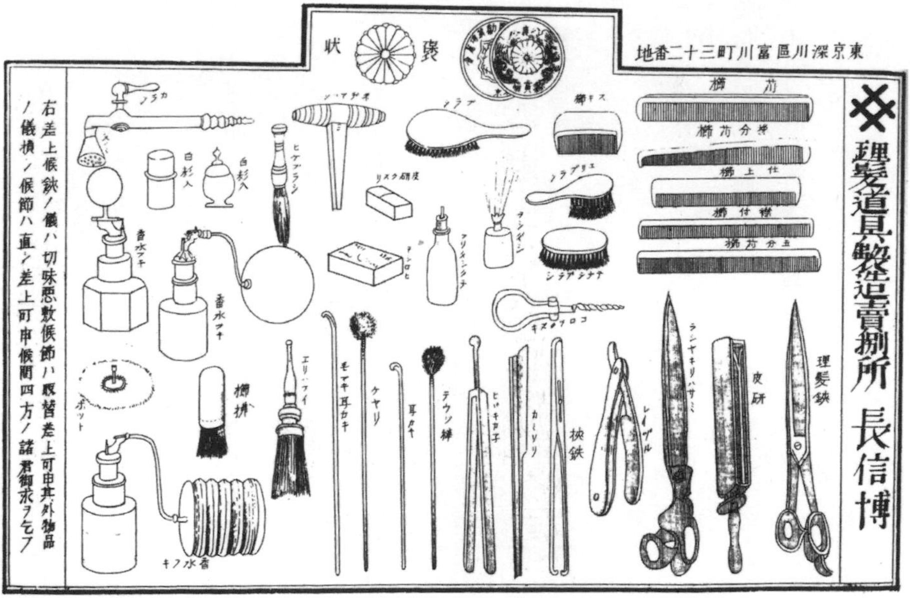

圖三　理髮工具的廣告

【香水】

在明治八年的《讀賣新聞》刊登了山下町（現為銀座的一部分）店鋪「四目屋」的西洋散髮用品廣告。

「Kautoruoiru（カウトルオイル）、Ohtekororin（オーテコロリン）、南京香水、英國油，及其他各種散髮道具。」

「有效平整亂髮、增添光澤、去除汙垢、順整翹髮、去除頭皮屑、消除異味，自備容器，三錢起。」

雖然不知「Kautoruoiru」為何物，但「Ohtekororin」一定是「古龍水」。翌年開始販售「倫敦、巴黎的上等香水，支那製掏耳棒、日本製香水」。在國松的插畫裡，可以看到「掏耳棒」插在筒子裡，也可以看到香水噴罐。難道當時的男人沒有排斥噴香水嗎？

大約在明治一〇年代末期左右，《銀座百話》裡寫道：銀座四丁目的「松浦」散髮店的老闆說，自己在橫濱外國人的理髮店學藝，因此和其他理髮店不同，不會隨便噴灑廉價香水。從開始剪髮到最後的收尾，都使用一把梳子，並灑上少量的香水，他以這樣的剪髮方式為傲，筆者未聽說當時有客人抱怨。

【毛巾】

散髮店的主人是散切頭，服裝是「襷掛」的和服加上圍裙。無論男女，和服的袖子都是下垂的，因此工作時會襷掛，用帶子把和服的袖子挽繫起來。掛在肩膀上的白布只是一條木棉布，用途不明。日本男性原本就有「肩上掛手巾」的習慣，因此這位主人也很隨興地把白布掛在肩上。

圖片右方的牆邊放置了疑似化妝水瓶罐的櫃子，下方懸掛的東西好像是毛巾。毛巾在幕末引進日本，而且在明治五年也進口了大量的毛巾。據說明治十二、三年左右開始國產化，因此很早就普及了。對客人來說，毛巾的觸感也是能夠感受「文明開化」的要素之一吧。毛巾最初稱為「西洋手巾」，大約於明治四十年代前後開始使用「Taweru」（タウェル）或「Taoru」（タオル）的名稱。

【西洋畫的表框】

右方牆面上掛著描繪帆船的大型西洋畫表框。看來當時的散髮店很憧憬遠方的西洋，店內充滿這種文明開化的氛圍。

明治三〇年代出現了「最近的頂級理髮店」的介紹。首先，店面完全是西式油漆粉刷，入口處是玻璃門。開門後換上室內鞋（即拖鞋，下等的店則是上草履[7]），裡頭鋪設美麗的木地板，餐桌上擺放花瓶，牆面掛著表框西洋畫……據說是如此。

關於早期的油畫，明治四年九月的《影響新聞》有以下報導：「Furoisu（フロイス）人Ko（コー）[8]有五、六張九尺四方形的油畫正在展出。」也就是說，當時的「油畫是展示品」（Furoisu可能是指普魯士。英文名稱是Prussia，相當於現今德國北部地區）。

實際上，從幕末到明治時代有不少日本人畫油畫，大約在明治六年左右，高橋由一、龜井至一等人已經出名，而且也買得到外國人攜進的畫作。儘管如此，一般來說油畫還是相當稀奇的東西。綜合這些現象與以上列舉的各個項目來看，當時散髮店似乎具有小型博覽會場的功能。

❻撐著蝙蝠傘的羽織婦人

接下來我們把目光從散髮店轉移到店門口撐著蝙蝠傘的婦人吧。

蝙蝠傘是「文明開化」地位的象徵之一。慶應三年（一八六七）五月的江戶已經使用「蝙蝠傘」這個名稱了。從這個時期開始，不只在雨天，即使晴天也會撐著全黑的蝙蝠傘行走，這種習慣已風行了很長一段時間。

在江戶時代，套著羽織（譯按：和服的外衣）的婦人相當罕見。起初由武士首開風氣穿著羽織，而且僅限於男性。然而偶爾也會出現穿著羽織的女性，理由只是因為天氣寒冷，但總會給人「明明是女性，真不像話」的觀感，因此不只是女性與兒童的羽織，就連半纏（譯按：和式短上衣）也都下令禁止穿著。

然而到了明治四年八月，當局發布平民穿著羽織和袴[9]的許可令，女性終於也可以光明正大地套上羽織。雖然如此，但並不是所有的人都擁有羽織。因此大都是尚未沒落的前武士之妻，或是大商家的妻、權妻等，才會比較常穿著羽織外出。

權妻指的是妾，這是明治時代的稱呼，直到明治二〇年代仍很常使用。插畫裡的羽織婦人，在小說裡原本是一名藝妓，後來被老主顧看上，而成為他的權妻。順帶一提，那位隨行的人是到府服務的女梳頭師傅。

明治八年的《東京繪入新聞》裡有一篇報導，內容是關於請人出面斡旋權妻的事。根據這篇報導，必須準備安家費五十圓、月薪十圓，不僅如此，還需要相當可觀的斡旋費用。當時的《東京繪入新聞》共一頁雙面，一份是一錢，一百錢等於一圓，按此計算，權妻的月薪相當於一千日份的報紙。

明治四年的散髮店？

此圖為明治三十二年開始刊登於《都新聞》的〈實譚江戶櫻〉中的一個畫面。明治二年，主角先太郎在兩國（譯按：東京地名）的理髮店街裡當學徒，並住在雇主家，但這一帶到了明治四年被整頓，於是他轉移陣地，到日本橋浪花町重新開業的伊勢床師傅門下學習斬髮。也就是說，這個故事的時間比「富士床」還要早。

從故事的內容來看，舞台是明治四年以降的散髮店，故事則比實際小說創作的時間還要早三十年。繪製這張插畫的畫工松本洗耳在當時年僅兩歲，不可能看過實際的光景，但這是明治三十三年的畫工用盡想像力所描繪的插畫，所以在此向各位介紹。

明治33年5月10日《都新聞》

女梳頭師完全沒變

明治二十三年一月十二日《大和新聞》

《姨捨山》第三十回

❶ 疊紙
❷ 玻璃鏡櫃

婦女的散髮

明治四年八月「可自由斬髮」的公告發布時，不只是男性剪去丁髷而已，同年十一月《新聞輯錄》第四號寫道：「近來府下有許多女子斷髮，省去櫛笄[1]虛飾與油元結[2]等冗贅，可說是化繁為簡。若剪去長袂縮小衣袖，穿上袴，剪短裙襬，廢除寬腰帶而改為細帶，可大幅省去無益之耗費。」換言之，在公布斷髮令的三個月後，便出現將頭髮剪短、穿著和男性同樣服裝的女性了。

明治五年二月的《日要新聞》第八號裡寫道：「最近『婦女擅自散髮』，外國婦女裝飾衣裳、頭髮是很普遍的事，那些外國人都在取笑我國婦女披頭散髮。不過會披頭散髮的女性大都是煎茶店（掛茶屋）之類的女服務生，她們不只喜歡新奇，也為了吸引男性目光，或者是自以為了不起的野丫頭，實在太可笑了。」

確實有不少活潑的女孩剪去茂密的頭髮，但也有一些很不合理的行為。例如，明治五年三月的《新聞雜誌》第三十五號中有如下的報導：「淺草藏前的伊勢屋某人，因為嚮往洋風，於是命令其妾與一子斷髮，也試圖命令其妻斷髮，妻大嘆且不肯（即不從），但最後仍強行斷其黑髮。」

在發生這起「夫人被強行剪髮事件」一個月後的四月，當局發布新的公告：「可自由斬髮的公告僅限男性，婦女的服飾髮型都維持現狀，請勿誤解公告主旨。」

前言的鋪陳太長，總之，婦女的髮型繼續維持現狀，因此婦女髮型仍一如往常地交給「女梳頭師」整理。

到府服務的女梳頭師

在此請各位欣賞的插畫（頁三四—三五），場景是大阪旅店（旅館）高砂屋的客房。從房間設備來看，可以知道是正派經營的旅館。以新聞報導推斷，當時一般而言，低一等的稱為「旅人宿」，更低一等的則叫做「木賃宿」。

房間中央稍微彎腰的女性即是女梳頭師。在小說中，這對男女才是主角，因此對女梳頭師沒有任何說明，不過她可能是「巡迴梳頭師」，也就是造訪顧客提供服務的梳頭師。可以推測，她深受這間旅館的青睞而成為專屬師傅。與前一節的男理髮師一樣，她也是以襷掛的方式挽繫衣袖並穿上圍裙。雖然女梳頭師有時會在家中服務，但不會特別出示營業招牌，主要都是外出服務居多。

另一方面，因為明治維新以降剪去丁髷的人增加，因此在報紙插畫裡，男梳頭師主要都出現在江戶時代的故事之中。那些造訪老主顧的「巡迴梳頭師」通常都會攜帶一種名為「鬢盥」的容器，以裡頭的水稍微沾濕客人的頭髮，抽屜裡則放有剪刀、梳子、剃刀（圖一）。

圖一　明治43年4月2日《都新聞》

圖二　明治28年12月24日《都新聞》

圖三　明治14年11月9日《有喜世新聞》

❶疊紙

正在接受梳頭服務的人，右邊袖子前隱約可見的黑色物品應該是「疊紙」吧。根據《大辭林》的記載，「疊紙」是「厚和紙上塗刷澀、漆等並有摺線之物。用來放入梳頭師的道具、衣物等。」所謂梳頭指的是「綁丁髷」，如圖所示，梳頭師工作時大概都會將其放在一旁（圖二）。

❷玻璃鏡櫃

畫中是一個四方鏡的鏡櫃。放置鏡子的台座與裝入化妝道具的工具箱原本是分開的，但據說到了室町時代便合為一體了。從鏡子的大小與厚度來看，應該是進口的玻璃鏡。報紙插畫出現以前那種有手把的圓鏡，大約只到明治一〇年代左右（圖三）。

以實用性來說，若是價錢合理，玻璃鏡就方便多了。長谷川時雨在《舊聞日本橋》中敘述其幼年時代（大約是明治二〇年代初期），「祖母的化妝房在倉庫的二樓」、「放置古風的金屬圓鏡鏡櫃」，可見即將進入明治二〇年代的時候，「圓鏡」已成為「古風」之物了，只有年長的人才會使用。這種舊式圓鏡有些是兩片一組，當作前後對照鏡，圖四中的使用者也是年長者。

最後再加送一張圖片，以下介紹明治八年九月的《東京平假名繪入新聞》（圖五）。京都有一位大白天就喝得爛醉的丈夫，正在調戲剛洗完澡的妻子，妻子一邊說「竟然大白天就……」一邊將他推開，但丈夫還是繼續死纏爛打，於是妻子拿起鏡子敲他，結果很不幸地，丈夫就這樣升天了。這是因為鏡子是由金屬製成的緣故。

圖四　明治13年11月6日《東京繪入新聞》

圖五　鏡子從鏡台拿下來。明治8年9月28日《東京平假名繪入新聞》

❸**廣蓋**

在圖片右方的男性背後有個「地袋」（接在地板上用來收納的小櫃子），置於上方的薄扁箱子叫做「廣蓋」或「亂箱」。根據《大辭林》的說明，它是「用來暫時放置摺疊好的衣服與隨身攜帶物品的淺箱」。從這張圖片可以窺見口金包的一部分，西洋物品終於出現了，當時這種旅行包正流行。

❹**日月七曜速知器**

再介紹一件特殊的西洋物品。柱子上掛著某個東西，若說是溫度計，刻度處的形狀並不像。因此我猜它應該是一種新的文明利器吧，於是翻閱當時的廣告，結果看到明治二十六年十一月《都新聞》上的〈專利日月七曜速知器〉，似乎就是它了（圖六）。它是一個名符其實的機器，可以顯示「日月」與「曜日」（譯按：即星期）。它由鐘錶商販售，似乎可以說是一種靠發條與

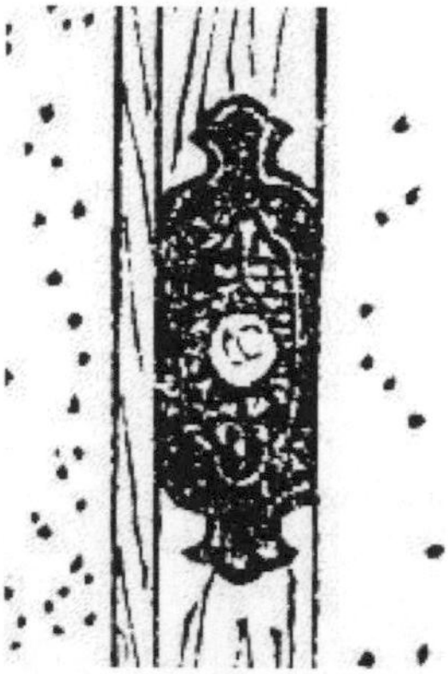

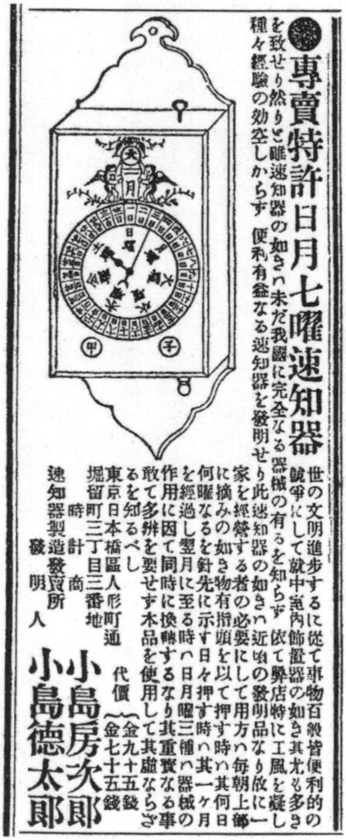

圖六　明治26年11月8日《都新聞》

齒輪啟動的機械式月曆。

❺鼎式的火盆

烹飪用的三腳兩耳金屬器具叫做「鼎」，這是一種鼎狀的火盆。因為很稀奇，所以應該很昂貴。從鏡櫃和日月七曜速知器來看，可以推測這間旅館專為常客服務，也就是所謂的「拒絕新客」[3]。

❻咖啡與牛奶

再介紹一項物品。穿著羽織的年輕男子在做什麼呢？小說裡有一段敘述：「咖啡加牛奶的滋養液」。這個盛裝容器確實比一般的杯子還大。仔細看他的右手，酒壺狀容器的瓶頸上有一圈

圖七　明治24年10月22日《大和新聞》

如同鐵絲般的東西，還有個像蓋子的物品掉在一旁，這是當時盛裝牛奶的鐵罐。送牛奶的人每天早上會把牛奶裝入大罐子，然後分裝到小罐子後再挨家挨戶配送（圖七）。

明治二十二年六月的《江戶新聞》刊登了牛奶玻璃瓶的廣告（請見以下專欄），由此可知在之前已經開始販售瓶裝牛奶，從法令來看，明治三十三年的內務省發布〈牛奶營業取締規則〉，明文規定牛奶必須以瓶裝販售。

本單元開頭插圖的牛奶，應該是這位男子向旅館點的餐吧。他製造滋養液看起來相當地熟練，左手拿著一支像湯匙的東西，如果是溫牛奶，就變成咖啡歐蕾了。一旁的女梳頭師明明正在梳頭，卻投以好奇的眼神。

接著要說的事情較為繁瑣。在男子身旁有個日本茶的容器，卻沒有研磨咖啡的器具。換言之，我們可以想像咖啡先在旅館廚房裡泡好後才送來的。再深入探討，其實這個時期已經開始販賣「日本代用咖啡」（圖八）。雖然不知和現在的即溶咖啡有何不同，但因為是用來滋養身體，所以這位年輕男子飲用也不是奇怪的事。然而他的周圍沒有那樣的容器，也許是放在「鼎」的後方。

不過，值得注意的是置於鼎上的熱水壺。我們可合理推測，男子用它來燒水沖泡代用咖啡，並以湯匙攪拌。

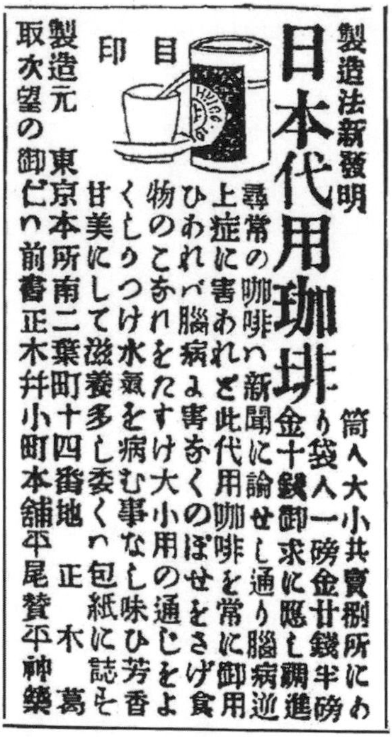

圖八　明治19年10月10日
《繪入自由新聞》

各種牛奶廣告

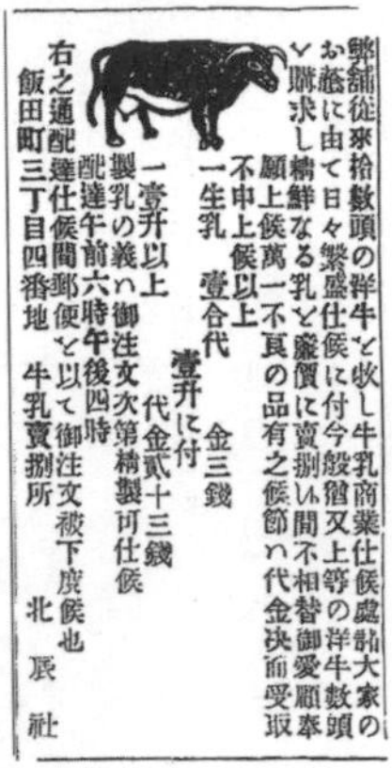

明治9年9月26日
《讀賣新聞》

明治18年3月1日
《繪入朝野新聞》

明治22年6月23日
《江戶新聞》

明治37年10月23日《萬朝報》

明治37年2月5日《都新聞》

明治38年10月29日《都新聞》

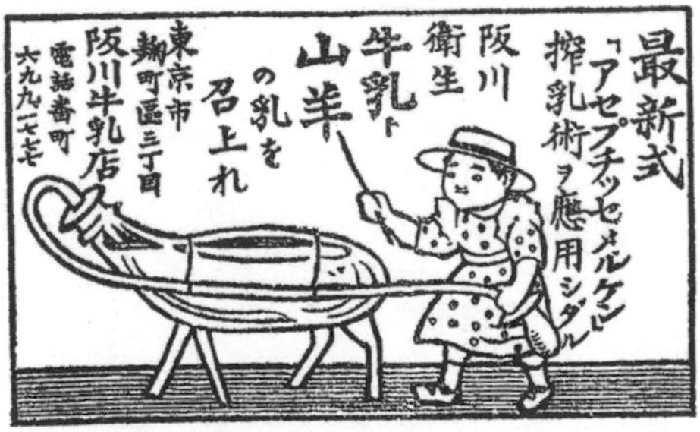

明治44年4月21日《都新聞》

在簷廊上洗髮

明治二十三年三月七日《大和新聞》

〈水鳥〉第二十九回

❶ 臉盆與金盆

❸ 修剪腳趾甲

❷ 洗髮粉

文章出現「讓她帶回旅宿沐浴」這樣的文字。因為是豪華庭院的旅宿（旅館），所以應該附有室內浴室，然而女子卻在簷廊洗髮。根據《大辭林》的記載，「沐浴」是指「洗滌頭髮與身體」。如圖中只是洗頭髮就會寫洗頭，但卻特地寫沐浴，所以至少還用溫水擦拭上半身吧。

女子脫下衣服裸露上半身，夾在腋下的布狀物應該是糠袋，是當時女性去澡堂時的必備品。在肥皂普及以前，江戶時代的人普遍使用糠袋，誠如其名，就是將米糠裝入木棉袋裡。到了明治初期肥皂開始普及，但似乎有很長一段時間，人們還是認為糠袋比肥皂更能清潔肌膚。據說使用糠袋時並非用力刷洗，而是輕輕地抹拭，如此一來會滲出更多糠汁，可以讓肌膚光滑細緻且晶瑩剔透。

坐在右邊的母親，手上拿的熱水壺（下方已變得焦黑）應該裝了溫水，用來協助沖洗。

❶臉盆與金盆

在臉盆裡放入金盆，溫水會流入其中。臉盆用來接水，當水花向外飛濺時，不會因此弄濕木地板。

❷洗髮粉

臉盆附近的紙袋狀物品應該是洗髮粉的袋子吧。類似的東西曾出現在明治二十年的廣告裡（圖一）。

洗髮粉的主要成分是白小豆。另外，在其他廣告（圖二）裡可以看到如上圖「用臉盆洗髮」的模樣，由此可知使用臉盆洗髮是很常見的。

樋口一葉[1]在明治二十七年二月二十二日的日記裡，只有一句「洗髮」。可以想見一葉也是在自宅（當時居住於下谷龍泉寺町）某處，以臉盆或金盆洗頭髮，而特地記錄下來，顯示她平時並不常洗髮。實際上，每次洗髮，都必須請梳頭師來整理，若生活貧困，就無法時常洗髮了。

許多資料中顯示，當時女性在湯屋（錢湯）[2]裡不會洗髮。可能是因為長髮會阻塞排水溝而不好清理吧。

但也有這種說法：「江戶町家[3]的女性洗澡時都會洗髮，洗髮後散開頭髮的瀟灑姿態，是浮世繪的絕佳畫材。」（落合茂《洗滌的風俗史》）若是如此，清掃應該很辛苦吧。

圖一　明治23年2月24日《大和新聞》

圖二　明治20年1月16日《東京繪入新聞》

聚集在陽光下的簷廊

翻閱夏目漱石從明治三十八年至隔年所寫的《我是貓》，出現苦沙彌先生[4]的妻子在簷廊上將剛洗好的頭髮風乾的畫面。

「妻子屁股朝向丈夫，究竟作何打算？她趁著今日的好天氣，用海蘿和生蛋清洗一尺餘的油亮黑髮，像誇耀般地將柔順秀髮由肩上垂散到背後，默默地專注縫著孩子的背心。其實她是為了風乾洗淨的頭髮，才把唐縮緬（譯按：平紋細布）的座墊和針盒拿到簷廊，恭恭敬敬地把屁股對著丈夫。」使用海蘿的習慣也是從江戶時代開始的。

圖三　明治18年4月14日《自由燈》

《我是貓》中常出現簷廊。身為主角的「貓」也是在簷廊午睡時夢見自己變成老虎，苦沙彌在牠的後面「專心地模仿安德烈・德爾・薩爾托[5]」，當妻子想風乾濕濡的頭髮時，簷廊也是最佳的場所。簷廊面向通風良好、日照佳的庭院，是讓人感到舒適的地方，經常出現於明治時代的報紙插畫裡（圖三、圖四）。

圖四　明治22年10月20日《江戶新聞》

③修剪腳趾甲

女子的上半身裸露，背後是她的親弟弟。他正以和鋏（譯按：日式剪刀，圖五）剪趾甲。因為腳趾甲很硬，所以洗澡後比較容易修剪。看來弟弟也許已使用旅宿的浴室了。他會在這種地方修剪，大概是因為明亮的關係吧。至於剪下的趾甲該怎麼處理呢？如果丟棄在院子裡，應該要在簷廊上修剪才對，所以是好好地收拾並丟入垃圾桶裡吧。

不過話說回來，這又不是自己的家，即使是自己的弟弟，但也是在年輕男子面前，女子竟然裸露上半身洗頭。嗯，也許這就是明治時代吧！

圖五　明治42年11月3日《理髮界》

關於湯屋

在東京，一般都稱為錢湯，但明治時代的報紙文章裡，使用「湯屋」的次數壓倒性地多。具體來說有多少？在我的資料庫裡，「湯屋」大約有一千九百件，「錢湯」有五件，「洗湯」則是十六件。

在此排列幾張湯屋門口的插畫，懸掛門簾是為了避免開門時看到更衣室。

明治8年9月22日《東京平假名繪入新聞》

明治10年12月16日《東京繪入新聞》

明治17年7月19日《自由燈》

明治32年1月13日《中央新聞》

明治31年10月2日《中央新聞》

夏季客人的款待之道

明治二十年七月十九日《繪入朝野新聞》

〈千歲之松〉第二十六回

富豪之家來了兩位客人。季節是夏天，在開放的空間裡掛著竹簾，留鬍子的主人背後的紙門拆了下來，換上通風的夏季紙門。

❶煙草盆

主人右手拿著煙管，但被妻子手上的扇子擋住而看不清楚。在那支煙管的前方，放著一個附有手把的可攜式煙草盆。使用時，在煙管內塞入將煙草葉切碎的「煙絲」。這些煙絲放在煙草盆旁邊打開蓋子的木盒裡。

再稍微說明煙草盆的內容。

一、筒狀（大都是竹製）物叫做「灰吹」，用來丟棄煙草的灰、煙蒂。因為抽煙容易導致口腔油膩而想吐口水，因此也稱為「唾壺」。

1 煙草盆
3 咖啡？紅茶？還是……
4 熱水壺
2 莎草座墊
6 砂糖壺
5 水壺

二、右方是「火入」。裡頭裝入炭火並點燃，將煙絲塞入煙管，然後讓它接觸火入的炭火，吸著吸著便能將煙點燃。

若在外該如何點火呢？從時代小說的插畫可見到以打火鐮敲擊打火石的點火畫面，請參考圖一。

❷莎草座墊

主人和客人使用看似編織的圓形座墊，應該是「アンペラ（Anpera）座墊」吧。Anpera是一種莎草，也可以用來編織成夏天的帽子，而像這樣編織成夏用座墊，在明治時代很常見。

❸咖啡？紅茶？還是……

通常也會提供煙草盆給客人，但這裡卻沒有，由此可見兩人可能不抽煙，於是改以茶水取代。在畫面中放置了西式茶杯。

因為可以看見手把，所以推測是西式，而且茶杯裡放有湯匙。裡頭盛裝的是咖啡或紅茶吧，雖然也可能是可可，但根據資料記載，可可在明治三〇年代才普及，這個時候還有點早。在此我想進一步探究杯子裡到底是「咖啡」還是「紅茶」？

圖一　明治37年10月5日《都新聞》

若是國松，會給客人什麼呢？

首先，如插畫中落款所示，畫工是「國松」，也就是我們推測繪製「富士床」插畫的那位畫工「國松」。他從小生長於橫濱，製作這張插畫的半年後，他在現今東京的京橋一丁目附近開了一間舶來品商店（圖二）。

國松的姊姊ムラ（Mura），與在橫濱居留地從事多元生意的英國貿易商人Kingdon結婚。換言之，國松在生活中與英國人有近距離的接觸。也許因為這樣的經驗，他的插畫裡時常會出現咖啡杯或紅茶杯。

圖二　明治21年1月3日《繪入朝野新聞》

所以，國松若有個英國人姊夫的話，那麼他對「紅茶」應該會很熟悉吧。然而國松畫的杯子大都不是寬口的紅茶杯，它們看起來「很像咖啡杯」。

其實日本一直到明治中期都還很難取得「美味紅茶」的茶葉。即使茶葉可以在日本栽培，也努力地嘗試做出美味的紅茶，卻還是無法製造優質的產品，因此必須仰賴進口。不過據說當時英國領土的印度，或是錫蘭產的上等紅茶，幾乎都直送英國，進口到日本的盡是些低等、被稱為粉茶的東西（圖三）。

後來或許是能夠生產出稍微優良的紅茶，又或是從英國輸入較多高價位的美味紅茶，因此約莫在明治十九年，報紙上終於出現紅茶的廣告。例如銀座的「風月堂」（正式表記為「凮月堂」），除了蛋糕和咖啡之外，也開始販售紅茶（圖四）。這是因為市面上出現了即使多花點錢也想喝的紅茶吧。

咖啡、紅茶、巧克力

仔細觀察這則廣告的「飲料」項目裡，「咖啡」和「紅茶」之間有個「チャクレッ」（Chakure）。「チャクレッ」是什麼呢？想必是巧克力，那麼是否和「可可」一樣？換言之，是否為粉狀呢？

風月堂在明治十一年首度販售了日本史上第一個西洋點心「ショコラート」（Shokora-

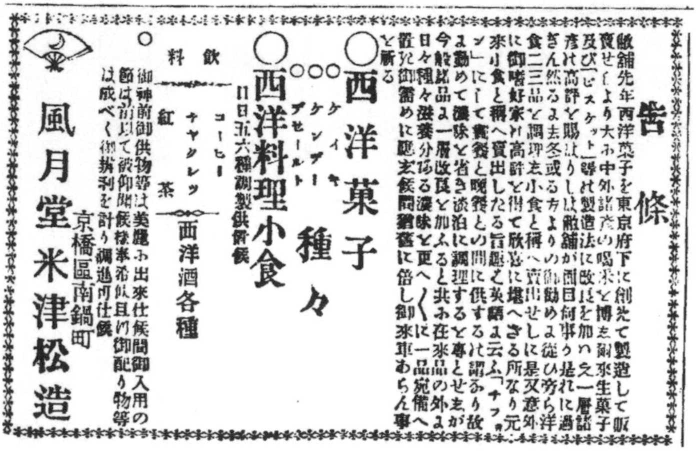

上：圖四　明治19年3月29日《時事新報》

右：圖三　明治14年11月27日《有喜事新聞》

to），也就是巧克力。不過它是固體，可能是咬來食用，但融化後確實也可以成為巧克力飲料。

那麼，從什麼時候開始喝巧克力呢？我們很快就可以找到答案。同樣是《時事新報》，明治十九年四月刊登了一則紀尾井町西洋料理店「紀尾井亭」的廣告（圖五）。上頭的早餐菜單除了「日本茶」、「紅茶」、「咖啡」之外，也出現了「チョコラアト」（Chokorato，巧克力）和「ココヲー」（Cocowo，可可）。在此，「巧克力」與「可可」有所區別，但從這則廣告可以判斷，這些都是提供給客人的飲品。

無論如何，繪製這張插畫的是對西洋新奇事物很敏銳的國松，不難想像他已經品嚐過這些食物。因為小說中沒有交代任何和飲料相關的事情，所以很可能是國松自行描繪「巧克力」或「紅茶」等新商品給客人品嚐。雖然如此，這裡還是判斷為咖啡比較妥當吧。

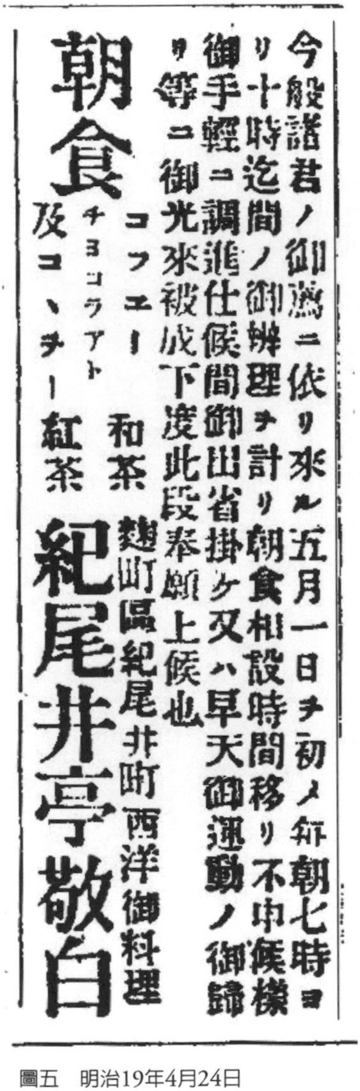
今般諸君ノ御爲ニ依リ來ル五月一日ヲ初メ毎朝七時ヨリ十時迄間ノ御辨理ヲ計リ朝食相設時間移リ不申候樣御手輕ニ調進仕候間御出省掛ケ又ハ早天御運動ノ御歸リ等ニ御光來被成下度此段奉願上候也

朝食　コフエー　和茶　チヨコラアト　及　コヽヲー　紅茶

麴町區紀尾井町西洋御料理

紀尾井亭敬白

圖五　明治19年4月24日
《時事新報》

喝巧克力變美人

《大和新聞》刊登了〈變成美人的祕訣〉的連載文章，其中第七回（明治二十四年十月二十二日）的〈豐滿之法〉和巧克力有點關係，在此節錄該文的要點。

首先，「成為美人的關鍵，乃其肩膀與手肘是圓潤的，且身體關節的資質良好。」只要腸胃健康「一定能變得像鳥一樣豐滿」。不知為何把鳥當作身體豐滿的例子。接下來才是重點，「這就是祕笈」的內容雖然稍嫌冗長，但還是引用全文以供參考：

「首先要吃新鮮的麵包，早上八點前，最好喝一杯咖啡或巧克力。在西方，早餐在三餐中的分量最少，頂多一片新鮮的肉和雞蛋。因此在日本應該也要盡量減少分量。用完早餐後，到院子裡稍做運動，或外出散步；回家後，午餐無論是湯或肉，甚至是魚，都可以盡情吃想吃的東西。接著餐後享用餅乾，或雞蛋與砂糖製作的點心也無妨。看來品項似乎不多，但實際上種類相當豐富，動物類的食物都包含在內。另外，如果接受酒類，也可以飲用啤酒或法國製的葡萄酒。盡量避免食用醋類，應在水果上添加砂糖一起食用，盡量不要泡冷水，多呼吸鄉間的新鮮空氣，葡萄產季時多吃葡萄，別讓身體過於疲勞，這些都是關鍵。」

❹熱水壺

回到章節開頭插畫（頁五三）的場景。將咖啡器具直接放在榻榻米上，有點耐人尋味。應該使用類似茶几的東西才對，但看來當時就是如此。

除了杯子，榻榻米上還放置了三種容器。最前面的看起來是「熱水壺」，壺底是平的，因此是直接放在調理爐上煮水的歐美類型，下面墊著類似台座的東西，可能是因為裡面已經裝了熱水或煮好的咖啡。若是如此，那麼這就是「咖啡壺」吧。

❺水壺

後方的容器疑似水壺，假如裝入牛奶，就可以調製成「咖啡牛奶」。從新聞報導與小說可以知道，當時人們喝咖啡時普遍都會加入牛奶，不只是明治時代，到了大正時代也是如此。

❻砂糖壺

那麼，在水壺旁邊的有蓋容器是什麼呢？因為附有蓋子，所以是砂糖壺吧，也就是用蓋子防止砂糖潮濕。不過它比現在的砂糖壺大很多，因此我傾向認為裡頭裝的是較佔空間的「方糖」。方糖出現於明治二十二年的報紙廣告（圖六），可以推測此時已開始普遍使用了。

常見的資料都說，首次製作國產方糖是在明治四〇年代，但這個廣告卻寫著「製造並廣為販售」。當時市面上已經出現「含咖啡的方糖」當作代用咖啡，所以製作一般方糖應該不至於太困難。

時間再晚一點，在尾崎紅葉連載於《讀賣新聞》的〈青葡萄〉第十七回（明治二十八年十月四日），有個杯裡放入威士忌與方糖來飲用的場景，插畫中有個玻璃製的砂糖壺，透明而可見裡面的方糖（圖七）。

圖七　引自〈青葡萄〉的一個畫面。
明治28年10月4日《讀賣新聞》

圖六　明治22年4月28日《東雲新聞》

砂糖是健康之源

誠如先前介紹的〈變成美人的祕訣〉，當時不只是女性，無論是誰都被認為「豐腴才是健康」。因此很流行在飲料裡加糖，另外也販售各式各樣被當作滋養劑的東西。暫且不論理想的體態為何，當時確實不斷宣傳著「健康」這個詞彙，甚至還引起一股「健康風潮」。所以從截至目前的討論來看，那兩位客人在咖啡裡攪入了幾顆方糖來取代煙草呢？看著放入湯匙的杯子，我不禁這麼想。

待合的置帽處

明治二十年七月二十三日《繪入朝野新聞》

〈千歲之松〉第三十回

乍看之下，這張圖像是富豪家裡來了一位訪客，但實際上地點是待合。待合也稱為「待合茶屋」，是與人相約見面的地方。不同於車站的待合室（譯按：即候車室），這個待合位於藝妓等活躍的花街柳巷中，裡頭設置和室，可以相約見面、男女密會、召喚藝妓飲酒作樂等。順帶一提，小說裡設定這個待合位於東京新橋某處。

❶巴拿馬帽

至於這兩個男子，和服男是從事貸款行業的人。摺疊在他右方的應該是夏季羽織吧。他眼前有個煙草盆，右手拿著煙管，腳下鋪著夏季座墊。

而房間右方的「地袋」上，放置了兩頂帽子。右方看似「巴拿馬帽」的帽子應該是他的吧。巴拿馬帽在當時正流行，但價格還很昂貴，所以是富人的用品。

❷ 安全帽
❶ 巴拿馬帽

❷安全帽

左方白色那頂是稱為「安全帽」的一種夏季帽子。按常理推測，它一定是西服男的。雖然如此，但和服加安全帽也相當普遍。例如以下兩張插畫（圖一、圖二），在報紙插畫上，和服搭配安全帽的例子反而壓倒性地多。

這種和洋折衷是日本人逐漸西歐化的過程。至於時尚，對當時的男性來說，日本人如何自然而然，或者很勉強地接近西洋？這還是一個摸索的時代。

安全帽是早期非洲大陸探險隊為了防止暑熱與危險而戴的帽子，當時是又硬又厚的頭盔狀，稱為「安全帽」或「拿破崙帽」。有些資料記載當時官吏經常戴著這種帽子。順帶一提，圖二腳上穿著編織綁腿的人是法官。

圖一　明治22年9月5日《江戶新聞》

圖二　明治24年2月20日《大和新聞》

代言人

再回到待合吧。

根據小說的設定，西服男是惡代言（不肖代言人）。代言人指的是現在的律師，在明治二十六年制訂律師法改變名稱前都是如此稱呼。雖然是壞人，但代言人畢竟是正經行業，而且也需要出入法院、公所等場所，所以也像官吏一樣戴著安全帽吧。

順帶一提，根據井上光郎撰寫的《寫真事件帖》：「東都（譯按：東京）的花柳界曾經約有二十五處，再怎麼說，柳橋都是最頂級的，新橋居其二，並稱為東都二橋。柳橋的客人以富豪商人居多，他們揮金如土，懂得享樂；而新橋則是留著泥鰍鬍的官員與御用商人居多。」「官員」指的是「公務員」，也稱為「官吏」。這裡的「泥鰍鬍」是指下級官吏，當時社會稱呼上級官吏為「鯰魚鬍」。

夏季飲料

這天似乎很炎熱，但兩人都好好地穿著上衣，即使如此，看起來流了很多汗，皺巴巴的手帕很隨興地放在身旁。再前方一點，則是這位代言人常用的捲煙草盒，盒蓋正開著。的確，再怎麼樣也不能穿著西服抽煙管吧。

兩人眼前的杯子裡放著湯匙，杯身已空，可能是喝麥湯吧。麥湯指的是麥茶，通常加糖飲用。杯子旁邊托盤上的容器，想必裝著砂糖，他們以湯匙攪拌後再飲用。

他們談得很愉快，在麥湯差不多快喝完時，待合的服務生端來看似洋酒的瓶子與腳杯。女服務生穿著圍裙，因為是夏天，所以紙門是較為通風的夏季紙門。

帽子掛架

耐人尋味的是，這間待合並沒有設置帽子掛架。如果像這間房間一樣可以放在地袋上則無妨，但若非如此，還是需要帽子掛架。

帽子與西服同時從西方傳入，因此照理說帽子掛架也一起傳進來了。據說帽子是因為頭部剪去丁髷後有點空蕩，因此被廣為接受。明治五年十一月的《新聞雜誌》第六十七號刊登在京都發布「散髮也無妨」的公告，人們爭先恐後地剪去丁髷，而與此同時，大阪、神戶舶來品店的帽子也瞬間銷售一空。光是從這點便可知帽子很受歡迎，不過倒是沒有足夠的資料可以判斷，當人們外出回來，或如插畫一樣，在外面脫下帽子後，要將它放置在哪裡？

明治維新以降，日本人似乎相當喜歡帽子，不同階級的人愛用各類型帽子的潮流從未間斷。於是很自然地，明治十九年三月二十五日的《時事新報》投書欄出現了一篇文章，由此可以窺知「帽子掛架」已經在庶民世界裡登場。

該文內容發生在湯屋。有些人不想把穿來的衣服像士兵服一樣捲成一團，再裝入更衣室的角箱（脫衣箱的一種）。因而產生了一種做法，即「更衣室的一方放置角箱，另一方則以一尺五寸為間隔，釘上橫向的シャップ（Syappu）掛[1]，這樣就可以解決了。」看來當時已經開始使用「シャップ掛」，也就是「帽子掛架」。

自宅的帽子置放處

我們已經初步了解帽子掛架在公共設施中的情況，那麼在個人住家又是如何呢？

當時多數的帽子都是舶來品，那麼像樣的帽子掛架（最初應該都是舶來品吧）在哪裡販售呢？如果是東京，可能會在銀座，若是橫濱，應該可以在居留地附近的唐物屋（洋貨店）尋獲吧。把辛苦購得的帽子掛架裝設在住家的客廳等處，想必具有某種階級象徵吧（圖三）。

可以想像，如果有戴帽子的日本客人來訪，即使主人沒有說：「我們家有這種稱為帽子掛架的東西，請多加利用。」還是會讓他產生一種走在時代尖端的感覺吧。

圖三　明治19年8月28日《繪入朝野新聞》

至於簡易的帽子掛架，約莫明治二〇年代時可以在勸工廠（販賣廉價日用品等，類似大超市的商店）購得，而國產品通常比較便宜。當時年輕男子生活的四疊半榻榻米房間裡也有帽子掛架（圖四）。

不過這些都是都市的情形。旅行地的旅館似乎沒有帽子掛架，在明治二十六年十二月的《中央新聞》刊登了〈攜帶型帽子掛架〉的廣告（圖五）。

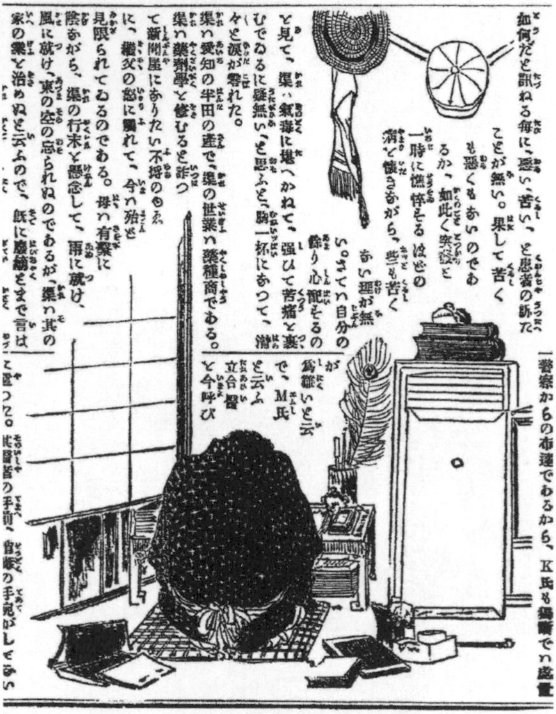

圖四　牆上有帽子掛架，桌上裝飾孔雀羽毛。
明治28年10月2日《讀賣新聞》

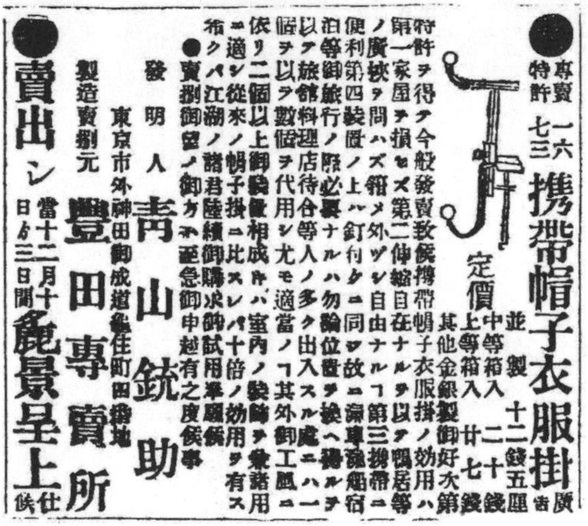

圖五　明治26年12月10日《中央新聞》

明治男子喜愛帽子

明治時代流行了各式各樣的帽子。大都是和服搭配帽子的和洋折衷式穿著。現在來看，每個都很有個性。

A　土耳其帽
明治17年1月25日《東京繪入新聞》

B　水獺帽
明治19年1月12日《繪入朝野新聞》

C　土耳其帽

D　寬帽緣圓頂帽

E　寬帽緣圓頂帽
明治23年2月14日《日出新聞》

F　軍人帽

G　圓頂硬禮帽
明治24年4月29日《大阪每日新聞》

H　掛勾帽
明治25年10月10日《日出新聞》

I　名稱不明的無緣帽

J　禮帽
明治26年1月2日《大和新聞》

K　拿坡倫帽（安全帽）
明治26年11月3日《日出新聞》

L　圓頂硬禮帽
明治26年11月25日《都新聞》

M　應該是草帽
明治28年7月4日《都新聞》

N　鴨舌帽
明治32年5月2日《都新聞》

冰店的季節

明治二十二年七月十一日《江戶新聞》

〈夏之夜〉第四回

❶「冰」的標示

❼ 冰店的盆栽

這是經常被描繪的「冰店」畫面。不過除了夏天之外不販售冰，因此在其他季節被稱為「水屋」或「水茶屋」。左方穿著箭羽花紋和服的婦人，手上拿著陽傘。因為傘面疑似有鑲邊，所以看起來比以前的蝙蝠傘還時髦。她為了表示禮儀而將傘稍微傾斜，或許正在向年輕男子問路吧。

此圖是這樣的畫面，然而小說中完全沒有交代這對男女的互動，只描述了這兩位男子正在討論事情，連冰店的事也隻字未提。

當時的新聞小說常有這種情況：「關於插畫內容有待下回介紹……」，文章和插畫有著時差。但不知為何，這篇小說中沒有冰店的場景，是一幅摸不著頭緒的插畫。在插畫上有雕刻師的名字「秀刀」，但沒有畫工的落款。不過，只有「國松」能畫出這種講究的圖。想必國松也經常出入當時非常流行的「冰店」吧，是否無論如何也想將它入畫呢？

有另一種可能，小說家來不及交出原稿，因此先設定「兩個男人的討論」，然後吩咐：「剩下的就隨你發揮吧！」於是就呈現出這個畫面了吧。無論理由是什麼，我們只能感謝他畫出如此耐人尋味的插畫。

❶「冰」的標示

圖中那面應該是布製的「冰」的標示，因為明治十六年有間名為「東京冰室」的冰店刊登了很大的廣告（圖一），由此推測，這類標示很可能是在那個時期開始出現在冰店前。

冰店的由來有很多說法。據說文久二年（一八六二），中川嘉兵衛在橫濱開設了日本第一家店鋪。不久後也傳到東京，根據明治七年六月《新聞雜誌》第二百六十一號，在銀座、京橋、

圖一　明治16年8月5日《繪入自由新聞》

十軒店（現今日本橋室町三丁目）一帶的冰店種植了「翠綠的樹木」，櫃子上「陳列數十種類的洋酒」，也擺放椅子、使用油燈，可見在炎熱的夏夜裡生意也非常好。

冰的買賣剛出現時，商家很辛苦地將「天然冰」從產地運來，然後保存於冰庫內以供使用。大約在明治十七年，出現了使用阿摩尼亞製造的機械式「人造冰」。而這幅插畫出現的時代，正好是這兩種冰同時交錯販賣的時期。

❷冰淇淋金四錢的牌子

柱子上掛著「冰淇淋金四錢」的牌子。國松一定很喜歡冰淇淋吧，我認為他是為了強調「真的很好吃喔」，而將牌子掛得這麼明顯。

明治二年六月，商家在橫濱馬車道上開始以「あいすくりん」（Aisukurin）的名稱販售冰淇淋，據說初期賣的是冰沙風味。

在明治八年九月四日《東京平假名繪入新聞》的廣告欄刊登了「冰菓子冰淇淋的製造機器與製造方法，定價六十錢。」因為註明了教授製作方法，可以推測富人家庭會購買，當然也有人想把它當做生意吧。

後來與勝海舟[1]的三男有一段異國婚姻的克拉拉．惠特妮（Clara Whitney），在她撰寫的《勝海舟的媳婦克拉拉的明治日記》中，記述了明治九年六月二十日她原本打算在上野精養軒[2]購買冰淇淋，但沒有買成，還寫到精養軒只有星期天才有販售冰淇淋，可知即使是當時習慣吃冰淇淋的西方人也無法常常吃到。

庶民只能喝冰水忍耐

兩年後在《讀賣新聞》的廣告中，登載了兩國若松町的西洋菓子店「風月堂」，除了販售含洋酒的夾心餅乾，也販售名為「アイスキリム」（Ai-sukirimu）的冰淇淋（圖二）。

圖中的「五十錢起」可能是一人份的價格。這是不是稍微奢侈點就可以吃到呢？……明治十四年，大熱天很想吃冰淇淋，但只能喝冰水忍耐，有人這麼說。也有這樣的記載：「即使到了明治十六年，銀座通的冰店一杯冰水要價四錢，對庶民來說，冰淇淋是高不可攀的花朵。」

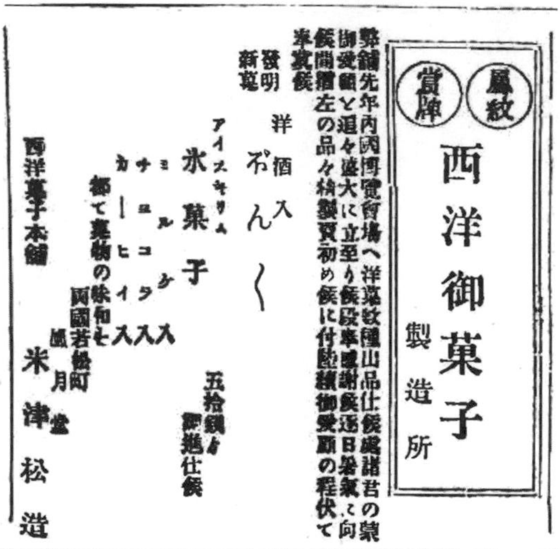

圖二　明治11年7月24日《讀賣新聞》

相形之下，這張明治二十二年的插畫中「冰淇淋金四錢」，價格相當親民，想必像國松這樣的人也可以很輕鬆享用吧。

❸ 刨冰器

因為被冰淇淋的柱子遮住而看不太清楚，後面有個綁著頭巾的小哥正在削「刨冰」。這個道具安裝了像是木工的刨牀。原理和刨削柴魚的工具差不多，然而現在刨削柴魚的機器也變得很稀奇了，所以還是請各位欣賞實際的廣告吧（圖三）。

順帶一提，隱約可以看到這位小哥的腳邊，他穿著跟底很高的木屐。這個木屐叫做「足駄」，無論男女，在濕漉漉的地方工作或雨天走在泥濘地時都會穿的木屐。

❹ 胡瓜瓶的彈珠汽水

排列在後方櫃子上瓶身圓滾滾的是彈珠汽水的瓶子，當時稱為「胡瓜瓶」。據說現在常見的塞入彈珠、形狀特殊的瓶子，大約出現於明治二十年。

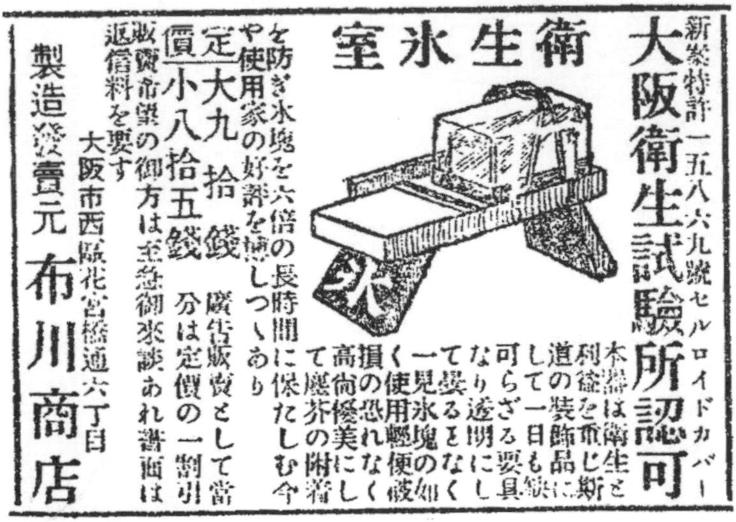

圖三　明治43年6月14日《都新聞》

日本首度出現彈珠汽水，是明治元年時由東京築地的中國人蓮昌泰所製造的。我還未找到日本人首次飲用後打嗝而嚇一跳的記載，但據說大家都對這奇妙的飲料敬而遠之，事實上買來喝的只有外國人。

不過在明治十八、九年東京周邊霍亂大流行時，有人宣傳天然冰很危險，喝彈珠汽水比較好，從此日本人便開始飲用彈珠汽水了。也就是說，這張插畫繪於明治二十二年夏天，是霍亂流行後僅三、四年的時間，也正好是彈珠汽水開始普及的時代。

用胡瓜瓶打人

接著，在此為各位介紹一幅描繪胡瓜瓶的插畫。將畫面局部放大後，可以看到胡瓜瓶的蓋子還是軟木塞（圖四）。

這張圖是刊載於明治十九年五月《繪入自由新聞》的小說〈夢之浮橋〉中的一個畫面。故事設定在明治九年十月，地點是東京新富町裡稱為島原的遊廓。在某個夜晚，一名西方人喝了啤酒後心情正暢快，卻遭娼婦欺騙，口袋裡的五張美鈔被偷走了，他盛怒之下想毆打該女子時……手上拿的就是胡瓜瓶。

圖四　明治19年5月23日《繪入自由新聞》

確實，那個時代喝彈珠汽水的都是外國人，所以很合理，但為什麼會隨身攜帶胡瓜瓶呢？這是當時小說常有的情形，文中完全沒有提到胡瓜瓶。不過，和劇情內容完全無關，在這個時期霍亂猖獗，也許有人看了這張圖就開始想喝彈珠汽水吧……。

順便介紹各種打人道具

用胡瓜瓶打人是非常罕見的例子，在報紙社會版中打架、爭吵時用的「打人道具」，最常見的是「木屐」（圖五），其次是「煙管」（圖六），再來是「箱枕」，「酒壺」也不少，這些都是日常生活的物品。其他還有「文鎮」、「砥石」、「鐵瓶」、「水溝蓋」、「天秤棒」、「蝙蝠傘」、「火箸（火筷子）」、「磨粉棒」、「頂門棍」、「算盤」、「鐵鎚」、「碗公」、「羽子板」[3]、「梆子」等。

圖五　明治29年12月5日《都新聞》

圖六　明治18年3月8日《繪入朝野新聞》

而西式的物品還是以「枴杖」居多，其中比較稀奇的是「苦艾酒瓶」。有些日式物品或許需要說明，但在此只能先割愛了。

❺啤酒

排在彈珠汽水胡瓜瓶下的應該是啤酒瓶吧。瓶頸貼著長方形標籤，瓶身則貼著橢圓形標籤，從當時的廣告可以得知只有啤酒是這種模樣。

啤酒是幕末來到日本的西方人，為了日常飲用而從自己的國家帶來的。但數量並不充足，於是到了明治時代，由那些無論如何都想喝啤酒的在日外國人製造出日本製啤酒。

明治六年，在齋藤月岑撰寫的《武江年表》中羅列出可能會流行的物品，其中包含了「麥酒」（啤酒）。也就是說，雖然尚未普及，但似乎有即將流行的氛圍了。在兩年後《讀賣新聞》的投書欄，有人描述來到東京後讓他感到驚訝的其中一件事情是，雖然文明開化大流行，竟然連傭人（おさんどん，幫忙煮飯等事的人）都喝啤酒喝到酣醉。

若只觀察報紙廣告，大約在明治十七年，市面上開始販賣各種啤酒，可以窺知此時啤酒已逐漸普遍化了。在此從明治二十二年的廣告中挑出以下四款向各位介紹（圖七至圖十）。

圖七　「東陽啤酒」。明治22年2月11日《繪入朝野新聞》

洋酒標籤的三個事件

現在啤酒和洋酒被分為不同的種類，但在明治時代啤酒被歸為洋酒的一部分。前述（頁七三）明治七年六月「冰店」的報導中，提到冰店櫃子裡「陳列數十品的洋酒類」，其中一定也包含了啤酒。值得一提的是，洋酒都貼上品牌的標籤，但在不熟悉洋酒的人眼裡，似乎把它們視為漂亮的紙片，因此發生了種種烏龍事件。

根據明治十二年的《讀賣新聞》，橫濱美春町的山崎阿寅[4]家闖入一名強盜，阿寅把放在煙草盆抽屜裡的幾張洋酒標籤拿給強盜，強盜誤以為是紙鈔而高興得不得了，忘了帶走大菜刀就逃走了。不管怎麼說，盜賊應該也能分辨標籤或紙鈔。但若發生了這種烏龍事件，表示那一定是四角形的標籤。既然如此，可以推測洋酒應該是貼著四方形標籤的葡萄酒。

圖八　「東啤酒」。
明治22年3月29日
《繪入朝野新聞》

圖九　「三星啤酒」。
明治22年6月23日
《江戶新聞》

圖十　「軍艦啤酒」。
明治22年8月17日
《江戶新聞》

那麼，阿寅為什麼把洋酒標籤收在抽屜裡呢？可能是因為標籤很漂亮，所以瓶子賣給空瓶回收店，標籤則撕下來收存吧。若是如此，阿寅可說是洋酒標籤收藏家的先驅了。

然而，也有和這個故事相反的事件。根據明治十六年《東京繪入新聞》的報導，大塚阿熊[5]（三十七歲）前往淺草柳原町辦事，在回家的路上發現三張看起來很像是貼在洋酒瓶上、疑似銅版印刷的美麗紙片掉落地上，她想把它們送給小孩當玩具，於是帶回家給丈夫看，結果發現那竟然是貨真價實的五圓紙鈔。因為他們從未擁有這麼高額的紙鈔，才會發生誤會。如此看來，也難怪上一則故事裡的強盜會把標籤誤以為是真正的紙鈔了。

另外，還有一個和這個故事相反的事件。根據明治十九年《讀賣新聞》的報導，本所米店的老闆娘阿廣[6]以為客人給了她五圓紙鈔，但實際上卻是「櫻田啤酒」的標籤（圖十一）。不過櫻田啤酒的標籤是橢圓形的，雖說五圓紙鈔很少見，但她未免也太粗心了吧。當時大約是明治維新後二十年，這個事件說明了那正是喝了彈珠汽水後連打幾次嗝而感到驚恐的時代。

圖十一　「櫻田啤酒」。
明治19年6月5日《讀賣新聞》

在此介紹和此插畫同為明治二十二年報紙廣告上的葡萄酒以供參考（圖十二至圖十五）。明治二十二年，當局公布了「大日本帝國憲法」，而隔年終於成立了「帝國議會」，因此出現相關的品牌名稱。

圖十三　「香竄葡萄酒」。明治22年1月1日《繪入朝野新聞》

圖十二　「國開葡萄酒」。明治22年1月1日《繪入朝野新聞》

圖十五　「憲法葡萄酒」。明治22年8月4日《江戶新聞》

圖十四　「藥用葡萄酒」。明治22年1月3日《繪入朝野新聞》

❻鋪在長凳上的Ketto（ケット）

在冰店門口的長凳上鋪著Ketto。Ketto是指毛毯，因為使用獸毛，在農耕民族的日本很少製作，大都從大陸[7]進口，是相當昂貴的奢侈品。明治以降，因為西式軍隊的軍服等，使得西服的需求提高，以明治十二年東京千住（現今荒川區南千住）官營的「千住製絨所」為首，各地也開始設置毛織品工廠。事實上在軍隊裡，毛毯在露營等場合是必備的用品。當時沒有其他替代物，因此耗費相當長的時間才全部變成國產。

雖然如此，在繪製這張插畫的明治二十三年，連一間普通的冰店裡也鋪著ketto，終於進入ketto普及的時代了。

❼冰店的盆栽

上述明治七年六月的《新聞雜誌》提到冰店裡種植了「翠綠的樹木」，雖然我不曾在其他地方看過相同的記載，但從刻意地描述此事可見這或許是當時夏天冰店常見的光景。

這棵「翠綠的樹木」看起來像是「杉樹」或「冷杉」。而杉葉確實可以拿來做蚊香，也有殺菌的效果，但若因為這個理由而被放在此處，說服力仍不夠。那麼會是「冷杉」嗎？說不定是拿來當作聖誕樹的冷杉，在淡季時出借到這裡……。目前我只能這樣猜測了。

冰店—夏天的樂趣

根據《明治東京逸聞史一》的記載：「冰店是明治以後出現的新行業，一開始只是把冰敲碎，放在水裡供人食用。接著有人發明了用鉋子削冰，削成雪片狀，然後盛在杯子裡淋上糖水來販售。後來開始和各種東西混合調味。」明治二十八年九月一日的《風俗畫報》介紹了冰水的種類，在此羅列如下：冰水、小冰磚、雪之花、冰汁粉、冰蜜柑、冰檸檬、冰葡萄、冰湯圓、冰雞蛋、冰草莓、冰彈珠汽水、冰薄茶等。以下這些圖片是冰店的場景。從插畫來看，明治十六年已經出現擺放椅子與餐桌的店家，餐桌上的高腳杯應該是洋酒杯吧。看起來像是使用普通的杯子吃冰，我目前還未在插畫上看到現在常見的刨冰高腳杯。

明治11年4月26日《東京繪入新聞》

明治19年7月18日《改進新聞》

明治16年7月11日《繪入朝野新聞》

雨天的裝扮

明治十九年八月十三日《繪入朝野新聞》

〈錢莊氣質〉第十二回

穿著羽織的婦人站在長屋[1]外「溝蓋」上，她曾經是官夫人，如今苦於生計，僅以微薄金錢為資本，從事小額貸款。這個場景是：這天她來到此處討債，但「羅宇屋」無法在雨天做生意，當然也就無法還債。

婦人手持「蛇目傘」，如同前一章裡，冰店的「婦人」稍微傾斜著傘和男人對話一樣，這張插畫是婦人將傘收合成半開狀態，正與屋內的男子對話。

❶雨天的傘

相對於洋傘，日本固有的紙糊傘稱為「和傘」，在古代則稱為「唐傘」。「唐」是指中國，所以它可能源自於中國。在這些唐傘當中，元祿時代[2]有人製造出類似畫裡「蛇目圖案」的傘，並且廣為普及。另外還有「番傘」，是寫上店名和地址並附有編號[3]的出借傘。例如商店、旅館等，若熟客來訪期間突然下起雷陣雨，便將傘出借給他們。

❶ 雨天的傘
❷ 雨天的木屐
❸ 掛在手腕上的布
❹ 羅宇屋的背式營業道具箱

❷雨天的木屐

雨天會穿上專用木屐。當時的道路不像現在經過鋪裝，每當下雨，路面就會變得泥濘不堪、四處積水，因此這種木屐的鞋跟較高。這種鞋子稱為「足駄」，也稱為高下駄、高足駄。若穿著分趾襪，則會像圖中人物套上「爪皮」，避免弄髒腳尖。此外，當時婦人衣服的下襬很長，所以會將下襬稍微提高，在腰部下方以「扱帶」[4]綁起來，將它固定不致滑落，以免弄髒下襬。從這張圖片可以看到「扱帶」的打結處。

樋口一葉日記裡出現的傘

在樋口一葉的日記中經常描寫到「傘」。以下列舉其中一部分，可清楚了解當時一葉的家人如何使用傘。

A 明治二十四年八月八日

「陽光已變得微弱，但路人的眼光令人十分煩躁，於是仍舊撐著傘。」

這天的日照可能特別強烈。往上野圖書館的歸途中，日照終於減弱，但不想被別人看到自己滿身大汗趕路回家的模樣，因此撐著手上的傘，盡可能地避開陽光。也就是說，此時是當作陽傘使用。

B　翌日

「兩支洋傘換傘面。一支是雙層的甲斐絹，另一支是平常使用的毛繻子。兩支共一圓十錢。」

毛繻子[5]的傘在平常使用，因此前一天使用的可能是這一支。甲斐絹因為很高級，所以重要場合才會使用吧。不過若兩支傘同時送去維修，那麼至少還有一支雨天的備用傘。

C　明治二十五年三月二十四日

「大雨。（中略）爲了請師君看我的文章，冒著大雨出門。家裡一支雨傘也沒有，只好用一支小洋傘應急。飛雨如箭地落下，穿著沒有套上爪皮的高下　走在汙泥路上，實在是寸步難行。抵達師君住處時，無論羽織或和服都濕透了。」

照理說，至少有兩支曾送去更換傘面的洋傘，但大約半年後，或許是因為妹妹正在使用，所以已經沒有雨傘可用。而小洋傘可能是A的陽傘，沒辦法只好撐著它，雖然穿著高下馱，但沒有爪皮，結果羽織及和服都淋濕了。可見雨天還是需要有應對的裝扮才行。

D　同年八月二十八日

「晴天。野野宮來訪。（中略）他說了句『好吧！』當他要回家時，發現他的西洋傘和我們家的傘共三支傘，竟不知何時被偷走了，眞有意思。」

因為特別說明野野宮的傘是西洋傘，所以樋口家的傘可能是和傘。話說，家有訪客時，放在玄關的傘竟然被偷走，我原以為這是很稀奇的事，但根據一篇去年十月《國會》報紙裡的文章得知，當時一葉住的本鄉一帶，剛好那裡專偷鞋傘的小偷正猖獗。

E 那把傘被偷走的隔日，野野宮氏再度來訪

「他說：『有人送了我兩支洋傘』，於是送一支給我們家。」

如此一來，樋口家來了一支洋傘。一葉分別使用「傘」、「西洋傘」、「洋傘」，因此，只寫「傘」，可能指的是「和傘」，只是到了這個時代，似乎有人連「洋傘」都只寫「傘」。

F 明治二十八年四月二十四日的午後，馬場孤蝶來訪，共進晚餐，餐後繼續深談時，「突然下雨，於是把傘借給他。並且問他：『需要駒下駄嗎？』，雖然是女用的有點奇怪，但還是借給他，他也就笑著穿走了。」

無法判斷出借的雨傘是否為兩年半前野野宮送給樋口家的洋傘。另外，將女用駒下駄借給他，是因為它比一般的木屐還要高。

G 同年五月四日，將傘借給馬場的十天後，馬場與平田禿木再度來訪。

「聊了很多。夜深準備回家時，下起雨來。因爲平田沒有傘，於是把傘借給他。」

馬場應該帶著上次借的傘，而平田沒有帶傘。於是將一葉家的另一支傘借給他。也就是說，此時一葉家至少有兩支傘。

H 同年五月二十八日

「這天晚上，眉山君帶著前天借他的傘來訪。」

兩天前，川上眉山首度造訪一葉家。在明治初期蝙蝠傘大為流行時，即使是晴天，男性也會

攜帶雨傘當作枴杖，這是相當普遍的。只是在一葉家如此頻繁地借傘，看來這個時期男性特地帶著蝙蝠傘當作陽傘的情形變少了。

關於婦女用傘

以黑色蝙蝠傘為開端的女用陽傘，在被稱為鹿鳴館時代[6]的明治十八年左右，開始出現長柄、肩幅寬度，時髦而小巧的傘。一葉在明治二十四年左右使用的小洋傘，此時應該很普遍了。但因為小型的傘不實用，加上對於急遽「崇洋」風潮的反動，到了明治三〇年代，「元祿時代風」反而備受青睞，一般認為雨天時帶著「蛇目傘」比蝙蝠傘更好。另外，請大家看看蛇目傘的插畫（圖一），這張「蛇目」的花紋更為清楚。

順便也列舉三種「番傘」提供讀者觀賞。

圖一　明治31年12年27日《中央新聞》

圖二　明治11年12月12日《東京繪入新聞》

圖三　明治23年9月26日《大和新聞》

【圖二】寫著雜貨店「南歌」店名的番傘。因為風很大，傘只打開一半。為了避免淋濕而捲起和服的下襬，所以露出內衣腰卷[7]。而且赤腳穿上高足駄。

【圖三】這是描繪從松枝（此地已越過碓冰峠[8]）的旅館甲府屋出發時下起了大雨，而且同行的人生病了，於是向旅館借番傘，並詢問附近有沒有好醫生。

圖四　明治32年3月21日《讀賣新聞》

【圖四】男子赤腳並將衣服下襬捲到臀部，撐著一把有編號的番傘。小說中敘述這是小石川的茶室「釜屋」的傘。當風雨大時，往往就像圖中人物一樣撐著半開的傘行走。

❸掛在手腕上的布

仔細看會發現女子的左腕上掛著好像布的東西。其實我不太清楚這是什麼。這個時代尚未開始販賣商品化的袋子。那麼，這是淋雨時使用的手巾嗎？如果是，布的花紋真時髦。如此想來，有可能是一個「包巾」，用來裝入帳簿及討回的債款。想必是為了防止淋濕而掛在手腕上吧。在任何時代，下雨天外出都很麻煩。

❹羅宇屋的背式營業道具箱

所謂羅宇屋，是用蒸氣來清除塞住煙管的煙垢，以及替換管子的行業。據說稱為「羅宇」，是因為煙管使用的黑斑竹是從東南亞的寮國輸入美國。[9]在此請各位觀賞羅宇屋平時營業的插畫（圖五）。

梅雨的準備

明治四十四年六月五日的《都新聞》刊登了題為《梅雨的準備》一文。

文章開頭寫道：「牆垣上長出不知名的蔓草，開出白色花朵，在這種梅雨時節的天空下（中略）雨傘與足駄當然是必備的。」在「蛇目傘」的項目中，敘述了這一年蛇目花紋顏色很流行。報紙插畫是黑白的，所以看不出來，但若蛇目是彩色的並不奇怪。

根據此文所述，「以往的顏色是黑和澀（茶褐色），雖然至今仍不退流行，但今年流行薄鼠（淺灰色）及鶯（綠褐色），女用傘也是以薄鼠為主，但年輕女子比較適合退紅色（淡紅色）。另外，『天變』以透光的方式印上小花紋或家紋等，也稍稍流行了起來。」引文最後的「天變」是指「透光」。遠看這個「透光」的花樣，不知是否看得清楚，只有使用者稍微抬頭往上看時，會看到浮現的花樣。這是「風流」嗎？或者可說是一種雨天的樂趣，是日本人才有的發想吧。

圖五　明治14年12月1日《東京繪入新聞》

另外，雖然敘述簡短，但關於「番傘」也有一個獨立的項目。「一概稱為大黑傘，但仍可分為美濃產與紀州產，[10]最堅固的是美濃赤版，印有店名與編號的價格在四十七、八錢上下，一般則是三十錢以上。」根據這裡的記載，番傘稱為「大黑傘」。於是我趕緊翻閱《大辭林》，發現當中的記載：「番傘的別名。（原本是江戶時代，大坂的大黑屋所製作的番傘。轆轤粗，傘紙厚，非常堅固）」至於「轆轤」的說明是：「唐傘的中央部位，傘骨收束之處。」原來如此，看來番傘的賣點是比蛇目傘還堅固。

另外，在該文中也有「足駄」與「爪皮」的說明，在此先割愛。

附有自動除泥機的「都傘」

最後為各位介紹明治四十二年四月五日《都新聞》廣告中「附自動除泥機都傘」（圖六）。說「自動」有點誇大其詞，所謂「除泥機」，指的是手把尖端有個裝置，「即使立在泥濘中，也無須擔心弄髒手把。」不是什麼大不了的裝置，但在東京市內尚未鋪路的時代，只要下雨，泥土的道路就會變成泥沼，一般稱為「泥濘地」。因此，將手把往下立起來時，這個裝置很方便。試想，這種立在地面的「石突」（傘的尖端，接觸地面的尖銳部分）具備了與洋傘尖端同樣的功能。

這麼說來，當和傘立起來的時候，手把會接觸地面，這是常識，也就是和洋傘相反。洋傘有傘架，在插畫中的玄關處也畫了此物，我很好奇該怎麼立起和傘，結果在明治二十七年十一月的《日出新聞》上看到掛在室內的梁（參見圖七，另外在圖六也可看到掛在玄關處）。順帶一提，明治三十九年十二月《都新聞》的廣告，刊登了日本橋區通油町「石川商店」的洋傘與和傘兼用的傘架（圖八）。

圖六　明治42年4月5日《都新聞》

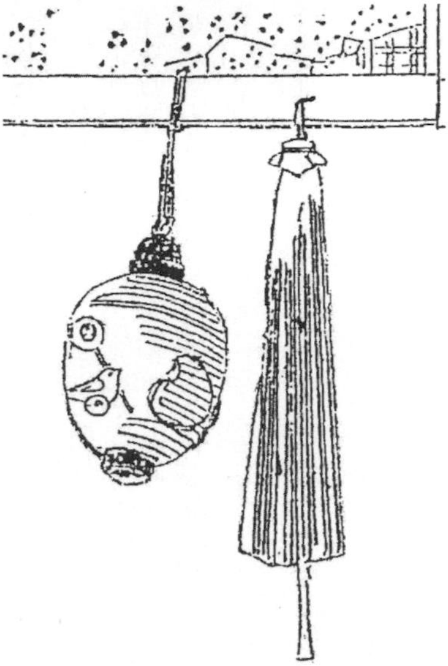

圖七　明治27年11月21日《日出新聞》

圖八　明治39年12月7日《都新聞》

下雪天的傘

在下雪天使用的傘，以和傘壓倒性地多。有趣的是，插畫裡關於下雪的描繪方式，跳躍式的畫法，乍看之下很像一點一點的黑色灰塵。不知為何，這種場景往往會搭配小狗。

明治35年6月12日《中央新聞》

明治36年9月4日《都新聞》

明治18年10月1日《自由燈》

明治22年11月27日《大和新聞》

明治34年2月26日《日出國（大和）新聞》

長屋的小保姆

明治十九年九月十日《繪入朝野新聞》

〈封文戀紅筆〉第十九回

7 被拆除的雨戶（戶板）

8 玄關的腰高障子

圖一　保姆也是工作，因此圍著工作服的圍裙，腳上穿著稻草履。明治21年5月23日《繪入朝野新聞》

圖二　穿著「安眠半纏」的保姆。明治24年2月25日《大和新聞》

這是關於裏長屋[1]貧窮家庭的故事。父親是拾荒者，女兒阿靜[2]念小學，這天是考試的日子，但在母親準備早餐時，她必須背著剛出生的弟弟並照顧他。這個場景是：她走到屋外，看見朋友們穿著整齊正要上學，想到自己家境貧窮只能穿襤褸（補丁的衣服、破爛衣服），就忍不住抽抽噎噎地哭了起來。

❶保姆

貧窮人家裡所有成員都是勞力。不管是哪個家庭，當母親做家事時，大都是由姊姊來照顧嬰兒。她們用「揹巾」背著小孩，寒冷時把稱為「安眠半纏」的棉罩衣披在背負的小孩身上。大部分的小保姆為了避免嬰兒拉扯頭髮玩耍，都會以手巾綁頭（圖一、圖二）。

❷長屋的廁所

長屋的廁所大都稱為「總後架」，也稱作「總雪隱」。在本章開頭插畫裡出現的廁所門只有

圖三　明治10年7月26日《東京繪入新聞》

部分，上頭懸掛「隨手關門」的牌子。如圖三，多數的門只有下半部。

❸貼在廁所內的廣告單

在長屋的廁所裡，多半會張貼「下體用藥」的廣告單。插畫裡的文字是「せんき藥」（Senki藥），「せんき」的漢字是「疝氣」，在中醫裡是指下體疼痛的疾病。

❹手水桶

廁所附近掛著小桶子。我原先不知道這個桶子的名稱，但明治十九年十月八日《時事新報》的投書寫道：「禁止在辻雪隱裡張貼廣告之後，環境大為改善，但各地雪隱都沒有設置洗手桶，很不方便。懇請管轄單位在各個雪隱附近設置洗手桶。」（瀨戶物町小子K.F）因而得知它稱作「洗手桶」。「辻雪隱」是指街道上的公共廁所。

進一步調查之後，我發現與小泉和子在《家具》中提到的「手水桶」，幾乎是一樣的東西。另外也有稱為「手水鉢」[3]的器具，依照這些用例，因而可稱之為「手水桶」。無論如何，使用時應該是用柄杓舀水淋在手上。然而這張插畫沒有畫柄杓，如此一來就很令人好奇沒有柄杓時該如何使用。

或許是直接將手伸進去。但一想到後面使用的人，對長屋的共同生活者來說，未免太不衛生了。雖然如此，如果把這個水桶拿起來先淋在一隻手上，然後換手再淋在另一隻手上，那麼裡面的水就會用完。因為長屋附近就有水井，因此重新裝水後，又掛回同一個地方。

這麼想也算合理，但既然如此，如起初想像的，先將指尖泡在水桶裡沖洗後，把水桶拿到井邊，將水倒掉後重新盛水，最後再放回原來的地方，我們也可以這麼想。然而所有長屋的居民都會做這麼麻煩的事嗎？截至目前所見，插畫或眾多小說裡都沒有出現這種場景。

在一個尚無近代水道設備的時代，長屋居民可以利用水井汲水，並裝入桶子裡使用。不過投書裡的「辻雪隱」是在街道上，除非附近有取水處，否則很難提供乾淨的水，所以才沒有設置手水桶吧。

❺長屋的狗

接下來，下方的狗可不是一般野狗。自江戶時代開始，有些長屋會飼養「長屋之犬」當看門狗。牠們沒有固定的主人，為守護長屋這個共同體，其任務是一旦發現可疑人士進入家園，便以吠叫等方式通知居民。不知是否有人輪流照顧牠們，總之由某人餵食，小狗則很隨興地棲身於長屋角落等一些可以躲雨之處。小狗出生時，長屋的兒童會幫忙照顧牠們，是一種共存共榮的關係。

圖四　明治25年12月22日《都新聞》

有狗的長屋三景

【圖四】明治初期狂犬病猖獗，因此開始規定在小狗脖子掛上記載主人住址與姓名的牌子，若沒有掛牌子，立刻會被撲殺。明治六年四月，在東京府下進行捕抓野狗的行動，因此數量減少超過半數。

【圖五】長屋至少會有一個水井。小狗看起來並無掛上牌子，因此大家都要注意不讓牠離開長屋。左邊的婦人剃眉，可知是已婚者，右邊的人則是未婚者。這個女孩的後方豎立著雨戶，後文將會說明（詳見❼）。

【圖六】左下是水井，右方是總後架（廁所），可以看到下體用藥的廣告。在酒販小伙子與蕎麥麵店的外送人員之間有個「手水桶」。在後方格子窗戶下，將該戶人家的雨戶橫放收納，左方的屋簷下掛著和傘。還有兩隻可能是剛出生的長屋小狗，其中一隻把原本在長屋深處垃圾堆裡的破爛稻草履拉出來玩。

圖五　明治16年3月29日《東京繪入新聞》

圖六　明治22年12月22日《日出新聞》

❻溝板

這個時期的長屋圖畫總是會出現溝板。在尚無歐美式下水道的時代，人們會挖掘這種水溝，讓水流到附近的河川。長屋內的水溝當然會蓋上木蓋，至於長什麼樣子，經常出現在樋口一葉的作品裡。

「同樣的新闢市街邊緣，蔬菜店緊鄰著梳髮店，其間的小巷狹窄得連雨天都無法撐傘，腳邊到處都是溝板的坎阱，兩側都是棟割長屋[4]。」（樋口一葉《濁江》）

「母親在爛竈[5]上放了一個破鍋，吩咐我去買東西。我提著濾杓，手裡捏著零錢高興地跑去米店，但回途時卻凍僵了，手腳不聽使喚，在離家五、六間屋舍之處不小心踩到結冰的溝板而滑了一跤，結果手上的東西掉落，剛買來的米便從一塊鬆脫溝板的隙縫刷啦刷啦地滑

圖七　雖然是歷史故事[8]（非明治時代），畫中描繪武士父親被砍傷，眾人正用戶板搬運。明治25年1月20日《中央新聞》

落，底下是汙水髒泥，我探頭看了又看，不知道怎麼把它們撿起來。」（樋口一葉《濁江》）

❼被拆除的雨戶（戶板）[6]

❽玄關的腰高障子[7]

貧民的長屋只有一個入口，一般都以腰高障子當作玄關的門。即使在白天室內也很昏暗，為了盡量採光，在比腰部高的地方糊上紙。晚上為了安全起見，從裡面放上頂門棍鎖住，若是下雨就會裝上雨戶，一到早上就將它拆除，靠在外牆上。雨戶通常稱為「戶板」，除了用來作為雨戶之外，有時會當作「擔架」來搬運病人或傷患（圖七），在外頭擺攤做生意時，也會用來當作陳列商品的台子（圖八）。

圖八　利用戶板當作蜜柑攤位的台子。明治16年1月23日《東京繪入新聞》

貧窮生活與西洋物品

仔細觀察這一回〈長屋的小保姆〉的插畫，讀者是否發現它毫無半點西洋氣息呢？有些資料顯示，明治時代有九成住在東京的人過著貧窮生活，雖然貧窮的境遇形形色色，但大部分的人都沒有餘裕購買西洋進口的生活用品。換言之，他們的生活仍維持江戶時代的樣子。從下一章開始，我們就來看看那個人們普遍過著貧困生活的時代樣貌吧！

洗耳筆下的狗

這些是《都新聞》插畫家松本洗耳筆下的狗。每張都畫得很傳神。雖然只有三張附有洗耳的落款，但我試著從畫風挑選應為洗耳之筆的作品。有幾張可能是他的師父富岡永洗的作品。

明治33年1月30日

明治30年3月4日

明治30年5月1日

明治28年5月12日

明治33年12月1日

明治34年2月5日

明治35年4月2日

貧窮與病人

明治十六年十月七日《繪入朝野新聞》

〈袖之露〉

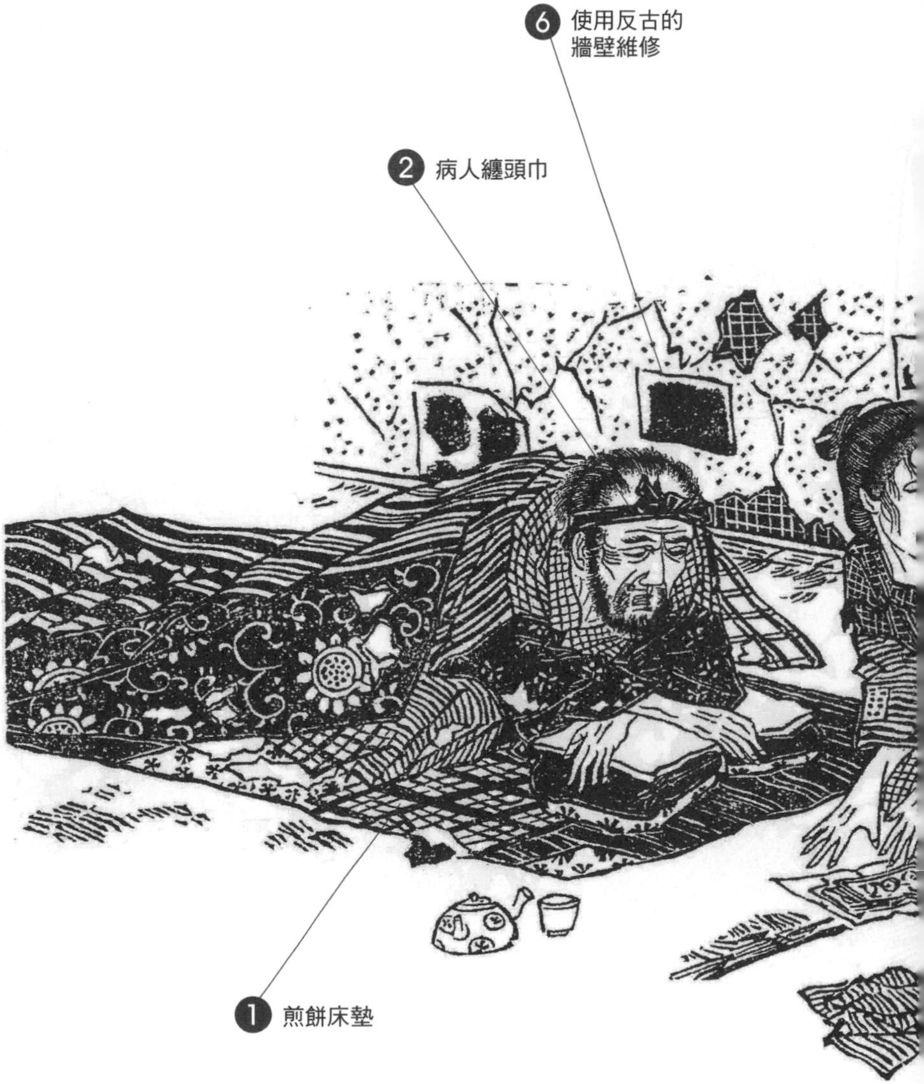

6 使用反古的
牆壁維修
2 病人纏頭巾
1 煎餅床墊

這篇文章不是小說，而是介紹貧窮人家的真實故事。實際上連東京到處都是窮人，可見全日本都很貧窮吧。自從報紙出現以來，有段時間幾乎每天都會報導這類各式各樣的貧窮生活。

這是菊地六右衛門（報導當時五十六歲）的故事，他原本在深川六間堀[1]經營一間叫做水戶屋的舊衣店。六右衛門先生經常生病，甚至一個月裡有一半的時間處於休息狀態，後來太太阿琴[2]（當時四十五歲）因罹患眼疾而完全失明，不得已只好讓小孩們外出幫傭……。

有一段時間裡，他們全靠女兒阿修（當年十一歲）[3]和長子源吉的工作勉強餬口，但不幸的事情接二連三地發生。夫婦在明治七年時都罹患重病，在孩子的照顧下才剛痊癒，一場發生在明治十四年的火災造成住家燒毀。於是兩個小孩各自向主人請求預支薪水，到淺草福井町的裏長屋租屋，過著拮据的生活。沒想到後來六右衛門再度病發，從這年的春天開始臥病在床，於是阿修（報導當時二十一歲）與源吉兩兄妹，只好利用工作空檔照顧父親，這幅畫即是描繪這樣的畫面。不過父母是報導當時的模樣，但兒女[4]卻是十年前的模樣，作者將兩個時間點畫在同一幅圖上，凸顯孩子們堅強勤奮的樣子。

❶煎餅床墊

貧窮也有等級，一旦有病人就會被分類到極貧生活。若是極貧，床墊就很薄。但這只是一塊布還是床墊呢？暫且當作「床墊」吧。這種單薄而簡陋的床墊叫做「煎餅床墊」。當時的日本普遍沒有床單，就只是隨便鋪著床墊而已。

在明治十八年二月東京千歲座首演的河竹默阿彌《水天宮利生深川》[5]中，以放債為業的金兵衛有一句台詞：「如果你沒辦法還錢，就要有所覺悟，依照約定，我會把價值相當於百貫[6]的一頂斗笠、一張抵押的煎餅床墊、爐灶連同鍋子及所有廚房用具都帶走。」毫無疑問，煎餅床墊也是財產之一。

即使是煎餅床墊，也是一種「床墊」。在《大辭林》查詢「床墊」一詞，其說明是：「在縫成袋狀的布裡裝入棉、羽毛、稻草等」，但並沒有介紹「煎餅床墊」。再稍微追溯「床墊」的歷史，發現江戶時代有一種稱為「紙衾」的寢具，外圍是紙，裡頭裝入稻草。可以猜測六右衛門先生家的床墊裡也是稻草或紙屑、碎布，總之填裝了某樣東西吧。

貧窮和煎餅床墊密不可分，但若停留在「煎餅」這個名稱，會覺得它又硬又薄、凹凸不平，睡起來一定很不舒適。如果這種「凹凸不平」是讓人可以感覺到下方老舊榻榻米的程度，無論裡頭填裝了什麼，都能猜測到它的本質原形吧。

❷病人纏頭巾

出現於報紙插畫的病人，好像有什麼規定似地，幾乎所有人都綁著「病人纏頭巾」。根據《大辭林》的說明：「在歌舞伎、人形淨琉璃[7]裡，為了顯示對象是病人，通常會綁上纏頭巾作為象徵。無論男女，年輕的角色是紫色頭巾，老人則使用黑色頭巾，並於頭部左側打結。」看來現實生活也是如此。這位六右衛門也綁著有顏色的頭巾，根據習俗應該是「黑色」的。另外也有資料記載，據說紫色可以冷卻頭部。實際上我也曾經在頭痛時綁上頭巾，真的稍有舒緩之感，說不定這在醫學上也有什麼根據呢……。

❸七厘

在木板間，女兒右手拿著柿漆團扇[8]，「七厘」上放著藥壺，正在煎藥（放在手邊的應該就是包藥的紙）。

在文章裡，這個場景有一句父親的台詞：「喂喂！那個那個，妳是幫傭的身分，這裡沒有關係了，妳趕快回去主人家吧！」女兒回答：「還沒到晚上八點，主人和夫人都說十點以前回去就好，在那之前，你就讓我聽聽你剛才做了什麼夢吧！」接著便向讀者交代他們的身世……，不過我們先回到「七厘」吧。

「七厘」也叫做焜爐[9]，寫法有「七厘」或「七輪」。形狀主要是圓筒型，以炭為燃料，與火盆不同，不使用灰，凹處放入鐵製「踏墊」，把炭火放在上面，並且打洞讓空氣流通。

這個詞彙的來源有很多種說法，根據江戶後期的國語辭典《倭訓栞》中「しちりん」(Shichirin)的項目，說明如下：「便於煮藥、熱酒，只需銀七厘[10]的炭就夠用，由此得名。」還有另外一種說法，因為有七個通風孔，所以叫做「七輪」。

無論如何，這個叫做七厘的焜爐，是在江戶／東京[11]，以一種能夠廉價生產的陶器（名為今戶燒）製作，在庶民之間廣為流通。

❹面桶

在女孩身旁裝著炭的容器稱為「面桶」，也看得到夾炭的火箸。面桶是將薄板彎曲而成的容器，也是庶民平時使用的日常器具。有時會當作便當盒盛飯，即使過著這種貧窮的生活，基本上還是會有面桶，甚至貧窮到淪為乞丐，也會攜帶面桶當作乞討道具，常用程度可見一斑（圖一、圖二）。

圖一　明治26年3月14日《東京朝日新聞》

圖二　明治40年2月23日《都新聞》

❺衣紋竹

衣紋竹類似現代的衣架。在橫樑綁上帶子，然後將一根竹子掛起來使用。這張圖可以看到兩條疑似手巾的東西垂下來。除了有錢人之外，一般庶民家庭都會使用。

❻使用反古的牆壁維修

日本房屋的牆壁幾乎全是土牆，需防止地震、長年使用造成的裂痕及崩塌。通常會從牆壁下方開始崩解，因此用紙來修補，這就叫做「腰張」。但是菊地家沒有這種餘裕，裂痕愈來愈大，於是到處都貼上「反古」來應急，以免房屋崩塌。

所謂「反古」，是指寫錯或不需要的紙（這裡說的皆為和紙），因為和紙很強韌，因此在貧窮人家裡，經常用來補強土製品。若仔細看，可以發現連「七厘」也貼上了。

一部分的反古寫了字，之所以被塗成全黑，或許是因為孩子們練習寫字（書法）時重複使用的緣故吧。在貧窮的家庭，就算是一張書法練習的

圖三　明治21年5月5日《大和新聞》

圖四　明治32年4月17日《中央新聞》

用紙也是很珍貴的。以下介紹的雖是幕末時期的故事，不過我們可藉此看看練習寫字的兒童，以及他們使用「練習帖」的插畫吧。（圖三、圖四）

【圖三】帶著「練習帖」學習書法的男孩。他腰部繫著像是包巾的東西，裡頭多半放入「御守」。到了明治時代，有些人會放入識別名牌。

【圖四】小孩身上穿著像是圍兜與圍巾合併、稱為「油屋」的衣物。這個名稱源自近世[12]賣油店的裝扮。這是男孩子直到四、五歲都會穿的衣物。

貧窮家庭的文明開化遲遲不來

在菊地家到底有幾個文明開化呢？答案是三個。首先是外出幫傭的源吉，他的髮型是「散髮頭」。父親似乎也不是丁髷頭，所以也算是吧。另一個則是源吉帶回來的「紙鈔」，外觀是橫向長方形，中間有個圓形，由此可猜測這應該是在明治十四年發行，由義大利人Edoardo Chiossone設計的一元紙鈔。由於文章提及同年發生的火災，因此這是紙鈔發行不久後的故事，裡頭可以看到幾張紙鈔。雖然是源吉向主人預支的薪水，但對貧窮家庭而言是相當高額的紙鈔。

如此看來，這篇故事想要傳達：即使過著貧窮的生活，但只要正直地活著就會有好事發生。雖然「文明開化」的光逐漸照射進來，但仍然相當微弱。

文章還添加了父親的身世。父親一邊說：「這對兄妹同心協力孝順父母，實在是我的福氣。」一邊感動流淚。女兒見狀後說：「阿爸，別再說了，小孩照顧父親是天經地義的事。」這些地方讓人有過於戲劇化之感，當時的報紙有很多這種貧窮與孝順的文章，甚至後來還報導有人以

圖五　明治16年10月24日《繪入朝野新聞》

「慈惠醵金」為名寄錢給報社，可見那個時代的一般庶民關心這些議題。

貧窮很普遍

不過，儘管社會上有很多貧窮家庭，但報社竟然找到這麼多可以報導的事情。每個貧窮的故事，都不是當事人提供給報社的。雖然有名為「探訪」、負責四處尋找社會事件的記者，但有時候是由當事人的鄰居提供。例如同為《繪入朝野新聞》明治十六年十月的報導：「聽到當事人悲況而感到同情的鄰居，將詳情告訴記者，記者忍著眼淚，以濕潤的筆墨來詳細記錄。」由此可以窺見居住在長屋有著類似境遇的人們互相幫助的生活（圖五）。

因為以〈貧窮與病人〉為題，所以在此介紹一幅《繪入朝野新聞》同年六月的插畫（圖六）。

圖六　明治16年6月26日《繪入朝野新聞》

乍看之下很類似，但其實是不同的故事。之所以看起來一樣，是因為〈貧窮與病人〉所列舉的三張圖片，（應該）都出自鮮齋永濯之手。另一個原因是，這些插畫與其說是實際見聞，不如說即使未實際探訪，但「一定是這個樣子」，這是當時「貧窮與病人」的普遍狀態吧。

貧窮中的餘裕

明治十六年六月十四日《繪入朝野新聞》

〈胡蝶之夢〉第二回

6 腰張
8 演員圖片的反古
5 疑似今戶燒的火盆
1 裁縫箱的蓋子
3 湯碗的木箱
4 煤油燈

雖然以「胡蝶之夢」為標題，但這是一篇真實的故事。故事始於明治四年一個經營當鋪的家庭，除了父親龜次郎、母親阿愛、妹妹阿常之外，還雇用了四、五位員工，一家人過著衣食無缺的生活。然而哥哥安次郎迷上了藝妓，不僅散盡家財，還到處借錢導致債臺高築，陷入無法周轉的困境。終於，全家人在明治五年五月左右趁夜逃走，搬到淺草旅籠町的裏長屋展開新生活。後來父親龜次郎因煩惱著放蕩的兒子，而罹患精神疾病，最後臥病在床。至於哥哥安次郎，卻仍毫無反省地繼續尋花問柳，家也不回，只剩母親和女兒兩個女人無依無靠、茫然無措。這張插畫便是故事發展至此的畫面。

妹妹阿常正在用一塊碎布縫東西，她的衣服肩膀處拼接了一塊布，他們似乎逐漸適應這種貧困的生活。

❶裁縫箱的蓋子

❷針包

阿常膝前放置了一個裁縫箱，裡頭裝著裁縫道具。乍看之下只有蓋子沒有箱子，但其實是很規矩地將箱子裝在蓋子裡，可見阿常的生活習慣很好。從箱子右方的針包整齊地插著幾根針，也可見一斑。

❸湯碗的木箱

❹煤油燈（カンテラ，Kantera）

阿常身旁的木箱貼著「十個湯碗」的紙條，應該是生活無虞時期的殘留物吧。湯碗早就被賣掉，箱子似乎是空的，上面放著煤油燈。這是一件西式物品，相較於石油燈，因為沒有燈罩，所以屋內更顯得昏暗，甚至燈籠都還比較亮呢。從沒有燈籠這件事也可窺知他們生活的窘困。Kantera 原本是荷蘭語的「kandelaar」。容器是銅製或白鐵製，在這個小容器裡裝入石油，以棉線為芯來點燈。享保四年（一七一九）新井白石寫下了「燈架叫做Kantera」這段文字。到了江戶後期，人們開始使用植物油點燈。

因為在明治維新以前就已經開始使用了，所以維新之後在庶民之間有人認為它不是西式物品。明治十六年十一月八日《繪入自由新聞》介紹了一位淺草梳髮店「討厭西洋」的大叔。他「不會在家裡放置任何西式物品，晚上也只用燈籠與Kantera，從未讀過報紙，堅決不斷髮。如果有斷髮的客人來，就會請他們到裡面發表意見，被請到裡頭的客人甚至會被他那種『不改回丁髷就揍你喔』的氣勢所震懾，然後倉皇逃跑。」這位大叔明明很討厭西洋，在夜裡卻使用「燈籠和Kantera」，這個Kantera可能在梳髮師大叔出生前就有了吧。

如此一來，原先以為它是這幅畫裡唯一「文明開化」的物品，但結果只是證明了貧窮生活真的很難享受到文明開化。

❺疑似今戶燒的火盆

貧窮也有不同的階段，因為阿常家不久前才陷入窮困生活，所以還留有基本的道具。家裡有稍大的火盆，上面放置疑似土瓶的器具。原以為是鐵瓶，但如果是鐵瓶的話，應該畫成黑色，花紋則是白色才對。無論如何，在貧窮的生活中不可能有鐵瓶。從他們以反古來修補火盆的裂痕來看，會不會是便宜的今戶燒呢？

今戶燒在淺草附近的今戶窯場燒製，是庶民都買得起的素燒火盆、砂鍋等日常器具。夏天使用的豬型防蚊容器，大都也是今戶燒。請各位讀者看看這個豬型防蚊器插畫（圖一）與廣告（圖二）吧。

由此可知，豬型防蚊器是全黑的。豬在這個時期的所有插畫裡，毫無例外的都是黑色。這是今戶燒當中一種名為「黑物」的類型，木造房舍屋頂使用的「黑瓦」也是同類物品。但我認為阿常家的黑火盆不是「黑物」，而是本書第一二七頁的「黑灰泥」，各位讀者的看法呢？

❻腰張

在上一章的極貧家庭（頁一〇六）裡沒有看到腰張　，但阿常家有。雖然是習字用紙，但整張紙未被塗黑，所以文字似乎可以辨識，卻又好像不行，是因為被反貼的關係。由於文字都是平假名，所以一定是阿常

圖一　明治22年6月29日《江戶新聞》

幼時寫的東西。即使貼正面也無妨，但可能因為是阿常小時候寫的字，因此感到有點害羞吧。

那時候的紙張比今日珍貴，因為可以不斷地重複抄紙再生，也有各式各樣的用途，所以即使是寬裕的家庭也都會保留這些反古。

無論如何，他們也許才剛搬進這間租屋，但看起來這間屋子原本就相當簡陋。

❼ 對折式屏風

對折式屏風可以用來隔間，或防止「門縫吹進來的風」，是相當方便的家具。即使是描繪貧窮家庭的插畫裡也有屏風，可見它是日本房屋的必需品。

屏風後方可能是患病的父親龜次郎躺臥在床，無論如何，這個屏風相當破爛，從全新的狀態用到這種程度需要很長的時間。他們家沒有幼童，也難以想像阿常家的人會這麼粗魯地使用。會不會是當作最基本的家具，和火盆等物品一起添購，而向二手店購買原本就很破爛的舊物呢？

即使貧窮也需要屏風，只要看前一章第一一五頁的插畫就可以知道。日本房屋的構造，很容易有「門縫吹進來的風」的困擾，更何況是破爛的屋子。在極貧或鄉下的屋子裡，甚至還有隙

圖二　明治43年7月2日《都新聞》

縫會吹進風的「菰屏風」[2]（圖三）。比較起來，即使破爛，貼上紙張的屏風還是難能可貴的。

❽演員圖片的反古

在這個破爛屏風上也貼了幾張反古來掩飾破洞。寫上文字的紙，有些是收據，有些是收到的信件等。齋藤綠雨[3]在《備忘簿》（明治三十年）裡提到，朋友說：「在庭院裡蓋了一間房子，於是前去拜訪，結果看到腰張反古當中夾雜著『さ』開頭的我的信件，雖然想要將它撕下來，但沒有辦法，心裡記掛著此事，經過了三年，剛好他整修房屋，所有的反古都被去除，我終於鬆了一口氣。」

左下方古裝如浮世繪般的圖畫，可能是阿常去看戲時買來當作紀念的演員圖片。想必是她很喜歡的演員吧，用自己很珍惜的圖畫修補屏風，和現代人把喜歡的藝人海報貼在房間是一樣的。屏風上還有一些破洞，應該

圖三　明治29年3月8日《東京朝日新聞》

圖四　明治19年7月23日《繪入朝野新聞》

再多貼一些才對，但窮人沒時間，生活總是被補綴衣物等日常工作與家庭副業追趕著，很難有時間處理。儘管如此，再過些日子，以演員圖片修補的地方還會增加，想必會更熱鬧吧。介紹一個貼了很多演員圖片的例子吧（圖四）。

富裕的貧窮

雖然阿常家很貧窮，但阿常和母親都還能工作，從阿常的表情可知他們家並非極貧。貧窮也有不同程度，只要有點餘裕就想享受生活，這是人之常情。即使過得再貧窮，仍想抱著充實豐富的心情（精神）生活。這也是來自生活的智慧，由這些插畫可見一斑。

裏長屋的玄關是廚房

明治二十四年二月六日《大和新聞》

〈園之花〉第十四回

6 味噌濾網
銘銘膳 7
2 竈
4 擂鉢
3 手桶
1 箱火盆

站在路口的漂亮女孩是誰呢？她名叫園子，是藝妓學徒。右邊那位是園子的親生母親，她在藝妓時期化名濱荻。因為特殊理由，園子隱瞞自己是她的親生女兒，從十四歲直到最近，園子都和濱荻一同在此生活。當園子年滿十六歲後，她一心想讓母親過得更舒適，於是未經濱荻同意，便擅自投身赤坂的藝妓屋。雖然年輕女孩將自己賣身藝妓屋這種事似乎有違常理，但園子原本就頗具姿色，多少也會一些才藝，而且無論是誰，都看得出她是個誠實坦率的人，飽經風霜的老闆娘很中意她，很快便以二百圓的訂金將她買下。

二百圓是筆鉅款，老闆娘連園子為什麼當藝妓的原因也沒問，便爽快地支付這筆錢，應該是被園子的人格特質所吸引吧。於是，園子利用這筆錢將自己重新打扮一番，三天後以煥然一新的面貌回到母親居住的長屋，而這個場面即是濱荻看到園子時大吃一驚的樣子。園子尚未坦承自己是親生女兒……，故事的發展實在讓人好奇，在此先不岔出話題，請大家看看濱荻家玄關的樣子吧。

濱荻的房子有多大？

如標題所示，園子站立的地方是濱荻家的玄關，同時也是廚房的入口。從園子站立的土間[1]，到後方設竈（詳見❷）處的那面牆為止，是房屋的寬度。通常這種長屋一戶的寬度大約是一間半（約三公尺）到二間（約四公尺），但從這幅插畫中看不出實際大小。

那麼房屋的深度又是如何呢？一般來說，裏長屋最狹窄的類型，客廳是四張半榻榻米。這種房型沒有壁櫥，一旦放置物品，就只剩下相當狹窄的空間了。然而濱荻和園子曾經一起住在這裡，應該是稍微寬敞的房屋吧。

❶箱火盆

玄關附近有個放置土瓶的箱火盆。也許讀者會想，怎麼在這種地方呢？不過當鄰居來訪時，便可以讓他坐在上框[2]，邊喝茶邊閒聊。乍看之下，往圖片下方似乎還有一點空間，所以玄關至少有一間的寬度。總之，光線只在這個地方能夠進來，所以這裡就是白天的客廳，同時也是客廳的中心。

箱火盆扮演著主人與訪客之間的橋梁。這叫做「指物」，是由木板拼湊而成的箱型火盆，大都使用堅硬的櫸木板等製造。因為不大，所以方便攜帶。也因為這種大小，若在吵架時丟擲它，周圍便都是灰神樂（一片灰茫茫的），就算沒有那麼誇張，也可以拿灰丟小偷，來影響他們的視線。

❷竈

竈是一種上方放置鍋、釜，下方燒火烹煮的設備。也唸作「かまど」（kamado），但東京落語的師父都稱之為「へっつい」（hettsui）。原則上一戶一座，但如果空間不夠，或是經濟上沒有餘裕，就會以「七厘」充當。

通常都是泥瓦匠以灰泥塗製。如果灰泥加上植物油油煙的「灰炭」，就變成黑灰泥，將它塗在白灰泥上並磨到發亮便大功告成了。而這個陳年的「竈」也許是黑灰泥掉了一些漆，所以露出底部的白色，它放在收納薪柴的櫸木台座，上頭還放著一個有鍋蓋的鍋子。

如果像此圖只是掉漆的話還好，若有缺角或裂縫，就必須請泥瓦匠或沿街叫賣的「修竈」師傅來維修。

落語節目的〈竈幽靈〉描述一位男子因為家裡的「竈」有很多裂痕，他覺得危險，於是前往二手店買竈。也就是說，雖然它是安裝型的設備，但可以移動搬運。這個落語的主要內容是：嗜賭成性的泥瓦匠，因賭博贏得了鉅款（二百五十兩），他花了五十兩吃喝玩樂，然後將剩下的二百兩埋在「竈」裡，結果在玩樂時猝死而留下遺憾，因此成為幽靈不時出沒。

明治二十年二月三日的《繪入自由新聞》刊登一篇類似的報導〈從竈裡挖出錢〉，以下直接引用全文：

「淺草小島町的口木甚藏原本使用的竈太老舊了，於是添購一座新竈，並且拆除舊竈，結果從土中挖出五個十錢銀幣和三個二十錢銀幣，於是立刻送往管轄單位。據說，這個竈原本是甚藏在四、五年前向某家二手店以八十錢購買的物品。」

能夠把銀幣埋在竈裡，這也是出自泥瓦匠之手吧。因為是銀幣，所以一定是明治時代。假設在明治十年前後進行此事，即使明治八年郵局的儲蓄業務已開始，但一般民眾還不習慣在郵局、銀行等機關存款，所以考慮自宅裡可當作金庫的地方……，如果你是泥瓦匠，「埋在竈裡」一定是首選吧！

如果在貧窮的長屋裡藏鉅款？

在天花板或地板藏鉅款，實在太普通了，在此不予討論。那麼在貧窮的長屋裡，是否有可以取代金庫的東西呢？看過這些插畫之後，也許有些讀者會覺得藏在「火盆」裡是不錯的選項。

確實曾有從火盆灰裡挖出二朱金[3]的報導，但這不算是鉅款。另外還有一篇報導，有人將私吞的六百五十圓紙鈔埋在自家的火盆灰裡，結果不小心把錢燒了。若要埋藏鉅款，箱火盆太小了，而且很危險，因為小偷可能會偷走整個火盆。

窮人藏小錢的地方

仔細想想，窮人手邊有多到不知道藏在哪裡的鉅款，這種機會微乎其微，所以或許無須擔心這種事。那麼小錢呢？的確，對窮人來說，即使是一枚二朱金也是鉅款。若是如此，就算是一張紙鈔也是鉅款，特別是對單身的人來說。單身者通常不會藏在家裡，而會直接隨身攜帶。例如，明治二十一年十月二十七日《繪入朝野新聞》有篇題為〈錢被死亡偷走〉的文章。內容如下：

「淺草三間町有位獨身老婆婆，名叫前田阿花，今年五十二歲，她的個性相當謹慎，擔心小偷會在自己外出時闖入，因此將財產藏在不會被察覺的地方。若放在榻榻米或火盆下方，發生火災的話恐怕會被燒毀。經過百般考量後，她想到可以將它縫在足袋[4]裡，因為貼身攜帶，不管到哪裡都很放心，於是將自己很寶貝的二圓縫在一只足袋中，心想這麼做就不會被人發現了。然而昨夜她到住家附近的澡堂盡情洗澡後，回家時發現縫有珍貴二圓的足袋不見了，只剩下另一只足袋，她不知所措，於是向管轄單位報案，真是太可憐了。」

在《大辭林》查詢「死金」一詞，其說明如下：「一、只儲存而不使用的金錢；二、浪費在無用之處的金錢；三、為後事儲蓄的金錢。」根據這位阿花婆婆的情況，她似乎很符合這三個條件。

藏在足袋裡是不錯的點子，後來卻弄巧成拙了。只從新聞報導來看，把紙鈔縫進衣物的例子，多半是縫在衣領處。然而，這麼做卻很可能在澡堂裡被偷走，看來有點小錢的人三不五時都要擔心。

圖一　襷掛、圍著圍裙。到取水處時都會穿著屐齒較高的木屐。明治21年4月5日《繪入朝野新聞》

圖二　搬家時使用手桶。這可能是報紙插畫第一次出現手桶。因為是國松的作品，他可能想搶先畫出最新的東西吧。男子的服裝看起來也很摩登。明治20年12月15日《繪入朝野新聞》

圖三　明治17年10月16日《東京繪入新聞》

❸手桶

園子的腳邊有個手桶，這還不是一轉開水龍頭就會有水的時代，因此早上起床後就要帶著手桶到長屋的水井取水，通常由女性負責（圖一），是每天的例行公事。這些水主要用來煮飯和飲用。

有些家庭在玄關放置大水瓶，但看來濱荻家只靠水桶來解決用水。最早是在明治二〇年代，水桶開始取代手桶（圖二），但要經過很長一段時間，才出現在裏長屋。

❹擂鉢
❺擂粉木
❻味噌濾網

報紙插畫裡常見的擂鉢與擂粉木，好像是很常用的廚房器具（圖三）。

在柳亭種彥（第二代）[5]的〈花之狹筵〉（明治十八年）裡描述「聽到熱熱鬧鬧準備早餐的擂鉢聲」，那種喳哩喳哩、溝哩溝哩的獨特聲音理所當然地傳來，便是當時的日常生活吧。

然而，一大早到底在磨什麼呢？其中一個答案，可能是製作「自家味噌」的聲音。當時的味噌往往夾雜著豆子的顆粒，煮湯之前必須用擂鉢磨碎顆粒，再以「味噌濾網」過濾後才能使用。也就是說，沒有擂鉢、擂粉木、味噌濾網這三種神器的話，就無法在早餐時喝到味噌湯。

圖四　在竈前生火時，為了加強火力，用竹管「噗噗」吹氣。明治14年2月10日《有喜世新聞》

擂鉢與擂粉木的其他用途

擂鉢與擂粉木除了當作廚房用具之外，還有其他的用途，而且經常出現在報紙的社會版上。

明治八年二月十五日的《讀賣新聞》有一則報導，內容如下：「北島町二丁目一番地二手店的重吉，本月三日不知為何與妻子發生口角，兩人互不相讓，結果擂粉木長出翅膀飛了起來。擂鉢沒有雙腳卻也跑了起來，打斷障子木框，也打破唐紙，為了讓兩人休戰和好，五金行的某人跳了進來，正要將兩人拉開時……。」

擂鉢和擂粉木像是描述「夫妻爭吵」時的慣用詞，甚至還以「擂鉢擂粉木大拚鬥」為題（即使事實上沒有使用），報導長屋裡經常發生的夫妻爭吵。然而丟擲擂鉢很可能損壞它，因此爭吵時通常只會使用擂粉木。另外，不是爭吵的場合也會出現，例如：一大早侵入的強盜，被手裡拿著生火竹管（圖四）或擂粉木的太太追趕著。

擂鉢的去向

即使沒有在夫妻爭吵時用擂鉢來丟擲對方，但畢竟是陶瓷器具，很容易產生缺角和裂痕，這時候該如何處理呢？我以為會將它修復後繼續使用，但在報紙上卻沒有看過這種記載。倒是松原岩五郎的《最黑暗的東京》（明治二十六年）裡寫道：「缺角的擂鉢仍繼續用來當作火盆。」看來這種例子是常見的，小山內薰的《蝶》（明治四十二年）也曾提及：「擂鉢裡裝入灰，火燒得很旺盛。」這是一種生活智慧，除此之外，生活上一定還有其他例子。

以下所述雖然不是明治時代的事，但也有把缺角的擂鉢當作盆栽的例子。在泉鏡花[6]的《深川淺景》（昭和二年）裡有一段文字：「不好意思，看來有松葉牡丹種植在缺角擂鉢中，也有波斯菊種植在蜜柑箱裡呢！」我認為當時應該到處可見這種把擂鉢當作另類「風流」的「富饒的貧窮」。

圖五　明治28年12月20日《都新聞》

❼銘銘膳
❽飯桶

放在壁櫃裡倒置於擂鉢左方的是銘銘膳[7]。在卓袱台普及之前，會在銘銘膳上面擺放一人份的餐具，真的是銘銘[8]用餐（圖五）。不然就是放在托盤上。

這張插畫裡的銘銘膳放在壁櫃裡不易取出的位置，很可能是園子專用，因為她外出兩、三天，所以收納於此，濱荻的銘銘膳則可能放在右方飯桶的右邊。

【砧板一定放在某處】

這個壁櫃和底下「插菜刀的菜刀架」，可能是因為濱荻很漂亮，所以住在長屋（其實不一定）的木匠說：「濱荻小姐，交給我吧。」於是幫忙安裝。既然菜刀架裝在這裡，砧板應該放在附近。暫且推測是在竈與牆壁之間吧。

❾燈籠

到了晚上，燈籠盤上放入植物油，以浸泡的芯點火。燈籠的紙上有不少破洞，但它的光線比煤油燈還柔和。雖然到了明治二〇年代，稍微貧窮的家庭也開始使用石油燈，但有些人可能還未適應，不想改變原本的生活習慣吧。

長屋的門禁

主要街道通常是一整排店家。如果長屋位於街道的巷子，便會有個木造門面向街道。換言之，它相當於整個長屋的大門。

此處長屋的木造門有門禁，到了一定的時間，房東就會將門關上。上圖寫著「十一點關門」的木造門，前方是主要街道，右方是煙草店，戴圓笠扛箱子的是販賣報紙的人。下圖寫有「午後十點關門」的木造門，緊鄰著店家倉庫，是長屋主人的倉庫吧。當時道路幾乎還未鋪好，灑水車正在倉庫前的路面上灑水。

明治22年4月7日
《繪入朝野新聞》

明治19年9月15日
《繪入朝野新聞》

哇，手槍吔！

明治二十三年三月二日《大和新聞》

〈財庫門房〉第二十三回

❷ 煤油燈旁邊的火柴盒

圍巾 5
4 獵帽
手槍 3
1 箱枕

這張插畫乍看像是三名強盜以手槍威脅窮人，但其實有著複雜的經緯。這三個人是主張「財產平均論」的社會主義者，主謀是手上拿著槍，名叫錦織的男人。話說回來，他們穿著西服，亮出手槍，沒有脫鞋就衝進來恫嚇丁髷男，不禁讓人聯想起西方強行入侵保守的日本。

事實上，這位丁髷男名叫仙吾，是本所[1]一位行徑惡劣的高利貸業者植垣芝右衛門的門房，這個場景描述三人先恫嚇仙吾，然後闖入植垣的住家，準備搶錢做為他們行動的資金。

❶箱枕

因為這人還綁著保守的丁髷，理所當然會使用箱枕。床墊上沒有鋪床單，也許當時的人認為睡衣可以取代床單來吸汗，至少在明治三十年以前，日式房屋內幾乎不見床單。

這個「箱枕」的台座是木造箱，有些底部是平的，有些是船形的，而在這張插畫上的就是船形。箱子上套上小枕，裡面有蕎麥殼、稻殼，或塞入粗劣的茶葉。通常用兩張白紙包住小枕，中間用一種拿來綁丁髷、稱為「元結」的帶子固定住。因為在固定丁髷時會塗上髮油，這麼做是避免枕頭沾到髮油。

箱子的材質以桐木和櫸木居多，因為櫸木很硬，所以有時候會用來打別人的頭，或是砸人（參照頁七七）。

在此介紹一個有趣的例子。根據明治十七年五月一日《繪入自由新聞》的記載，牛込[2]一帶某位華族的宅邸來了一名女傭，當天主人趁夜偷襲，結果勾到女傭房間的門檻，家裡的馬伕聽到有人跌倒的聲音，於是摸黑丟擲枕頭，便不偏不倚的正中主人眉間，他昏了過去……。

②煤油燈旁邊的火柴盒

枕邊有煤油燈，旁邊放著火柴盒。即使他執意不肯剪去丁髷，但火柴便宜又方便，他應該會覺得用一下也無妨吧。例如對江戶人而言[3]，使用打火石點燃煙管煙草實在太麻煩了，尤其是重度煙癮者會想盡快將火點燃。既然如此，那還是火柴最好啦！

火柴的寫法有「摺付木」或「早付木」。明治六年十二月的《新聞雜誌》第一百八十四號裡記載：「四、五天前的夜裡，在柳橋的某間旅館，有位日本橋的商人找了一名叫小熊的藝妓，正在飲酒作樂時，商人將燈火熄滅，不久後從懷裡拿出『火柴』準備點火，結果藝妓誤以為是鬼怪，『啊』的一聲昏倒了。後來吃藥、找醫生並經過一番照料後終於甦醒，這是一樁歲暮的可笑奇譚。」這篇文章還特別使用引號來強調火柴。

根據明治八年一月二十六日《讀賣新聞》的記載：「西洋的摺付木便利又便宜，最近家家戶戶都在使用，原本全是舶來品，最近橫濱弁天通的商人取得官方許可，在橫濱平沼村設置摺付木製造所，生產機械也從美國運抵，近期應該會啟動吧！」令人意外地，一般民眾很早便開始使用火柴了。可以推測貧窮家庭最先使用的西洋物品就是火柴吧。

製作火柴盒的家庭副業

樋口一葉的《濁江》（明治二十八年）裡出現了這段話：

「令人悲傷的是一個女人僅憑製作火柴盒的副業實在難以餬口」。

時間再往前一點，二葉亭四迷[4]的《新編浮雲》（明治二十至二十二年）裡有這段文字：

「有一餐沒一餐的當地人一邊製作摺附木的盒子。」

在更早期河竹默阿彌的《水天宮利生深川》（明治十八年）也有這樣的內容：

「不管做什麼事，四個人都難以維生，新燧社的火柴盒工作薪資很低，做肥皂也賺不了錢。」

正如同這些引文所顯示的，窮人的家庭副業首選是製作火柴盒。

這些都是小說，至於新聞報導，明治九年九月二十九日的《東京繪入新聞》有這樣一段記載：「中橋座的接待員北林伊之助家住大鋸町，他的妻子阿梅（三十二歲）以前待過吉原[5]一家名為佐野立花的店，曾過著光鮮亮麗的生活，如今完全是主婦的樣子了。她在戲劇休演時讓丈夫遊玩，自己則製作早附木盒、紙袋等獨立賺錢，過去明明是一名娼妓呢！」這段記載是家庭副業的例子。

圖一　「新燧社」的求才廣告，設計很像火柴標籤。明治11年1月18日

順帶一提，明治九年「新燧社」率先在

東京本所柳原町製作火柴。明治十年一月七日《東京繪入新聞》的廣告提到：「女員工，一月增加百人，二月又增雇百人。」由此可知火柴製造量不斷地增加。不僅如此，隔年還刊登增雇二百名員工的求才廣告（圖一）。

然而，根據明治十四年的《有喜世新聞》，新燧社製作火柴盒的家庭副業一天只能賺取七錢到八錢。當時一合[6]牛奶是四錢，一般散髮修剪則是大人七錢、兒童六錢，淺草料理屋「岡田」的上等茶碗蒸六錢三厘、蒲燒魚四錢至五錢、豆腐羹八厘。

【製作火柴盒的家庭副業的插畫】

圖二應該是國松的畫。當時國松在《有喜世新聞》發表作品。插畫的內容是五人家庭，左方放了好幾片製盒材料的薄木片。

圖三應該是松本洗耳的畫，內容設定和上一張圖相同。他的畫風比較寫實，將大媽畫得唯妙唯肖，怎麼看都是長屋大媽的樣子。

圖二　明治14年1月23日《有喜世新聞》

圖三　明治30年7月23日《都新聞》

❸手槍

幕末時代坂本龍馬攜帶手槍一事廣為人知，但並非所有的人都能輕易持有手槍。到了明治時代也是如此，不過在社會尚未穩定的時期，時常發生用來路不明的手槍行惡的事件。

明治九年二月七日的《東京曙新聞》記載如下：

「昨日午前三點三十分左右，蠣殼町的兌換所橫井幸助家，有小偷帶著劍和手槍闖入，搶走了相當於八圓的文久錢，並射傷橫井家的員工磯次郎後逃跑。小偷的手法愈來愈粗暴了。」

這就是所謂的「手槍強盜」，其中最著名的是「手槍強盜清水定吉」。他從明治十五年開始到明治十九年十二月三日被逮捕前，共犯案八十件（另一說為五十五件），並殺害五人（另一說為三人）。這些事件以〈偵探實話清水定吉〉為題，在

圖四　明治26年5月23日《都新聞》

《都新聞》上連載了六十九回，相當受歡迎。根據第三十四回的插畫（圖四），連被襲擊的當鋪主人也攜帶手槍防身，於是出現手槍與手槍對決的畫面。

這齣令人感到刺激的格鬥劇後來改編成日本第一部劇情片，於明治三十二年在赤坂演伎座上映。

❹獵帽
❺圍巾

以強盜來說，這個男人的服裝很時髦，頭上戴著獵帽。根據藤澤衛彥《明治風俗史》（昭和四年）所言，明治二十五年左右獵帽非常流行，所以這張插畫的時間應該更早一些。雖然他主張「財產平均論」，但對於流行似乎相當敏銳，肯花錢在時尚的事物上。

當時的圍巾稱為「首卷」，也是對西方狂熱的人才會有的打扮。明治十九年四月二十一日《時事新報》的投書欄出現了這樣的看法：「書生帶著首卷一副意氣風發的樣子（中略）真讓人感嘆。」這位投書者批評，若是感冒就算了，但沒事卻做這種毫無生氣、礙手礙腳的打扮，真是不像話。不過約莫在這個時期，不只是西服，就連和服也開始流行披上圍巾。

畫工是水野年方

無論如何，強盜打扮得這麼顯眼也未免太奇怪了吧。其實小說裡設定三個人戴著面具掩蓋容貌。

然而，畫工卻不理會這個設定，而選擇了最新流行的服裝。此圖的畫工是當時二十四歲的水野年方。據說這部小說的作家条野採菊[7]是個很囉唆的人，一再要求年方重畫。採菊對圍棋的喜愛更勝小說，很可能是因為過於專注下圍棋，而導致連載經常延遲，所以年方只聽了概要就繪製這張插畫了。事實上，這張插畫發表於第二十三回，但在小說中該段落卻出現在第二十五回，也就是文章比插畫慢了兩回。小說的原稿可能是後來才完成的，所以才會發生這種圖文對不上的情形。我個人認為這張插畫是很有趣的作品，但不難想像年方一定會遭責罵。

年方以四十三歲英年早逝。

明治時代的手槍

根據《明治事物的起源》的記載：「光聽傳聞就讓百萬東京居民不寒而慄的手槍強盜，在明治時代是最凶殘的惡徒。他將手槍當作唯一的凶器，闖入五十五個處所，搶奪高達一千七百八十圓的金錢，造成三人死亡，七人受傷，他謊稱自己是住在本所區松坂町二丁目的推拿師太田清光，但其實真名是清水定吉（四十五歲九個月）。明治二十年十二月三日的夜晚，巡查小川佗吉郎在橫山町英勇地與他格鬥並將其逮捕。」

《近代事物起源事典》裡提到：「明治元年起，一年內進口到日本的手槍共有一萬五千支。」所以某人從某處得到手槍也不是奇怪的事吧。在東京，只要在「金丸槍砲店」、「日本槍砲店」、「小倉槍砲店」等槍砲店取得許可便能購買

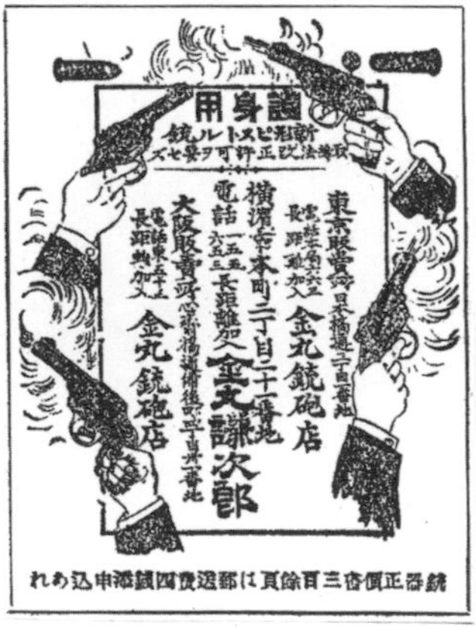

明治33年5月19日《都新聞》

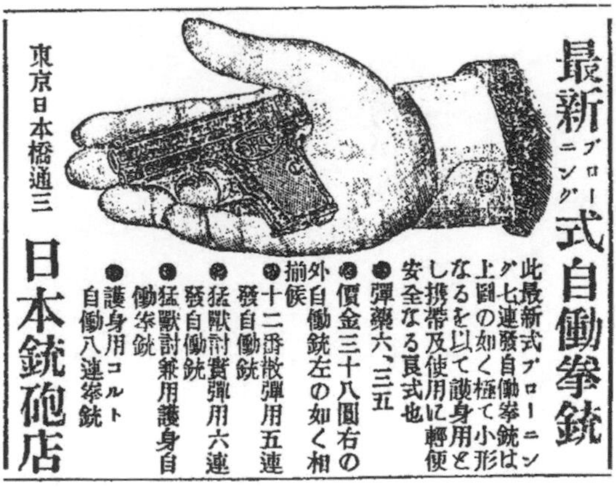

明治41年1月3日《東京朝日新聞》

身穿襯衫的書生

明治二十四年五月十三日《大和新聞》

〈配所之月〉第三十回

6 和服裡的襯衫
5 報紙的腰張
2 墨水瓶
1 掉落的土瓶之口

進入明治二〇年代，插畫裡經常出現書生的房間。那是一個西學的時代，此時被稱為書生的人，若不是在明治時代出生，便是懂事後已經受到文明開化之光洗禮的世代。既然是在這種時代立志學習西學，身邊配置許多「洋物」便是很自然的事了。

在明治十年東京開成學校和東京醫學校合併成「東京大學」之前，許多胸懷大志的青年便來到東京。他們大部分都依靠同鄉前輩，或寄宿在親戚家，一邊當門房一邊努力學習。

❶掉落的土瓶之口

那麼，這張插畫的主角義雄又是什麼情況呢？他所尊敬的父親和祖父關係不好，當他對此深感遺憾之際，祖父卻對他說：「你要保護這個家。」於是他決定獨立而離家出走，此時已安頓於神田錦町的租屋處，並在學校就讀。然而經過了一段時間，適逢月底，他無法支付學費、買掛（不是付現，是約定了某個日期付清而事先購買）的書籍費用及房租，只好賣掉懷錶來付清費用，最後剩下五圓三十錢……。那麼，他接下來該怎麼辦呢？

仔細看，連土瓶的口都缺角而掉落在地，他把飯桶當作書桌，默默地翻閱西書。不過話說回來，辭典在哪裡呢？堆在身旁的西書中是否有一本辭典呢？總之它就在附近吧，這張插畫如實地表現了苦學生的生活。

❷墨水瓶

繫著帶子的小物品是墨水瓶，當時的書生都攜帶它上學。

❸石油燈
❹火柴

他身邊放置了將炭火埋在灰裡的今戶燒方形火盆，火柴掉落在一旁。背後有一條毛毯，但他沒有蓋在身上，看來似乎沒那麼寒冷。

天花板垂掛著吊燈，還下了一些工夫，用紙來製作燈罩，使光線柔和，避免眼睛疲勞。這盞石油燈便是文明開化之光的象徵，在明治五年才出現國產品，而直到明治六年左右之後，路燈開始排列街頭，庶民才有更多機會接觸。

第一個瓦斯燈出現於明治五年的橫濱，根據石井研堂的《明治事物的起源》，明治五年十一月的《郵便報知》第二十六號岡山通信裡如此敘述：「連夜設置瓦斯燈，已經完成十二支。」石井說明：「這不是真正的瓦斯燈，而是石油燈，當時的路燈都稱為瓦斯燈。」牽引瓦斯需要相當的設備，因此在瓦斯燈廣為普及之前，一般使用較輕便的

圖一　明治12年11月6日《讀賣新聞》

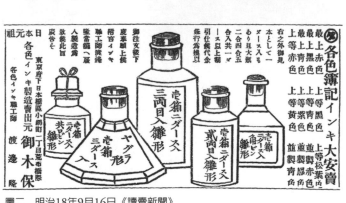

圖二　明治18年9月16日《讀賣新聞》

石油燈當作路燈，大概是這個意思吧。
另外，在明治二〇年代以後，石油燈取代了燈籠作為室內燈，所以在這張插畫的時代，石油燈已經相當普及了。

5 報紙的腰張

快要頹圮的牆壁上貼著舊報紙反古的腰張[1]。不知道是出自這位書生還是前住戶之手？無論如何，把報紙當作腰張是很新奇的，可見購讀報紙變得很普遍了。
另外，翻閱刊登於明治二十一年四月《繪入朝野新聞》上舊報紙腰張的插畫（圖三），也是書生的租屋，因此可以推測義雄房間的舊報紙，就算不是他自己，也很可能是習慣讀報的書生貼的。

6 和服裡的襯衫

書生散髮很理所當然，不過在他的和服底下是襯衫。片山淳之介（福澤諭吉）的《西洋衣食住》（慶應三年）中提到了「シ

圖三　不知他們在看什麼？明治21年4月29日《繪入朝野新聞》

ヨルツ」（shorutsu），據說這是日本首次介紹襯衫。

其後，到了明治三年，在日本橋長谷川兵左衛門的店家已經開始製作襯衫。明治六年左右，芝[2]的野村辰二郎開始製作現在的西裝襯衫，而在都市也逐漸出現散髮且身穿西服的商人，他們都很理所當然地在外衣下穿著襯衫吧。和服搭配帽子和鞋子在很早以前就開始了，所以這個時期當然會有內穿襯衫外披和服的打扮。

從報紙來觀察，明治八年十月的《東京平假名繪入新聞》中有一張插畫，看似和服裡穿著襯衫（圖四），其實這是橫濱的人足（相當於今日從事土木工程、搬運貨物作業等勞力工作的人），他在河邊發現溺斃的山豬。連丁髷的男人都穿著襯衫，可見這種和洋混搭的服裝一定很常見。

圖四　明治8年10月12日《東京平假名繪入新聞》

針織襯衫與木棉襯衫

幕末武士家庭的副業之一是製作針織——meriyasu（メリヤス，原為西班牙和葡萄牙語的襪子）的襪子與襯衫。針織襯衫的布料是編織的，所以親膚舒適，只要穿在和服下，就算寒風灌進袖子裡也不用擔心，因此做為防寒衣物而備受重視。

進入明治時代以後，隨著西服的普及，針織襯衫在都市被廣為使用。到了明治八年左右，除了手工編織之外，開始以機器製造，另外也製作了金巾（原為葡萄牙語，以細線平織的棉布）製的襯衫。

從圖五的報紙插畫可知，很早就有生活貧困的庶民穿上針織襯衫，可見價格算是親民的，也可能在二手衣店就可以買得到。

【西裝襯衫】

插畫中書生義雄身上的襯衫，與其說是內衣，不如說更像是西裝襯衫。這或許只是畫工水野年方的描繪方式所致，但實際上義雄老家並不貧窮，而且他都擁有懷錶了，所以這件襯衫的價位是不是也較高呢？

根據《內衣流行史》所述：「在東京，明治十三（一八八〇）年手工針織襯衫搭配褲子開始普及，另外還出現了將西裝襯衫穿在和服裡的習慣。當時西裝襯衫的領子是可以活動的，不像現在的固定式衣領。所以這件西裝襯衫是取下衣領，然後穿在和服內。這是明治時代書生常見的穿著，主要的布料是木棉，但也有針織。」

圖五　明治11年4月9日《東京繪入新聞》

女性也很早就穿著襯衫

不只男性穿著襯衫，請看看明治十年五月《東京繪入新聞》（圖六）。〈貞婦的繪入美談〉一文有以下的內容：「日本橋縛正町的山田喜代（三十七歲），為了生病的丈夫與十三歲的女兒，每天都三更半夜起床，然後到日本橋附近的市場徘徊，撿拾被丟棄的稻草屑、舊草鞋等，並將它們帶回家。為家人準備好早餐之後，又馬上出門購買家用品及廉價點心，然後趕緊回家將撿來的稻草等物剪碎後賣給泥瓦匠。在這些工作的期間，只要有人請她跑腿寄信，她總是一口答應並立刻前往，無論是洗衣或做其他工作，她都會承接下來，每天晚上都工作到一點左右，用這些賺來的錢打理柴米油鹽和丈夫的醫藥費。不僅如此，雖然自己一身襤褸，但因為丈夫喜愛喝酒，每天一定會讓他喝上一合……。」故事還有後續，但重點是，畫工以襯衫表現她一身「襤褸」。也就是說，不輸男子的勞動女性，可能會把這種「襯衫」

圖六　明治10年5月24日《東京繪入新聞》

當作勞動服來穿吧。

年輕女性對時尚的堅持

喜代小姐的襯衫是勞動服，但在這裡又不同了。根據《明治事物的起源》的描述：「明治十一年春天，年輕女子流行穿著襯衫，如同年一月芳年所畫的錦繪〈我想去西方〉（圖七）中的年輕女性，以陶製鈕釦固定紅色襯衫的袖口，想必是實際情形。到了明治三十年左右，在鄉下仍會讓女童穿著這種鈕釦固定的襯衫。」

西書放在身旁，和書生義雄一樣，女性對西方的憧憬與男性相同。紅黑相間的法蘭絨格子襯衫，紫色絞染半襟的襦袢[3]，其上穿著藍底繡有小花的和服，再套上茶褐色的條紋鋪棉外衣。無論在什麼時代，年輕女性對於新時尚的堅持始終不變。

印花布鋪在餐桌上，有種異國情調。畫工大蘇芳年領先時代描繪出這些場景，真不愧是大師。

圖七　大蘇芳年「見立多以盡，我想去西方」

【鈕釦】

前面介紹的襯衫都有鈕釦——「botan」（ボタン），這個詞彙原本是葡萄牙語，其實「金巾」、「襦袢」等也都是葡萄牙語。以「襯衫」、「針織」為首的西服相關詞彙，明治維新之前的日本人已相當熟悉了。

書桌上的孔雀羽毛

書生桌上的筆筒經常插著孔雀羽毛（請參照圖四），我原以為尖端是筆尖，但似乎並非如此。根據小學館《日本國語大辭典》所載：「雄孔雀美麗的尾羽，雖說是用來驅蠅，但實際上是房間的裝飾品，或插在筆筒裡當作書桌上的裝飾，特別是江戶時代的戲作者、書生等，他們經常將它作為書桌上的裝飾品，自以為是學者。」在報紙插畫的歷史故事中，武士及明治時代書生、女學生書桌上的筆筒裡也經常出現孔雀羽毛。

明治20年1月18日《大和新聞》

明治29年12月23日《都新聞》

圍巾與手帕

明治二十二年二月二十三日《繪入朝野新聞》

《新編祝賀之日》第五回

神田今川小路某戶人家新蓋的屋舍，在離表長屋（面向馬路，不同於巷弄裡的裏長屋）稍遠的地方。這裡住著一位名為石野紋太郎的書生，也就是圖片中右方的男子。而隔著箱形火盆，左方套著羽織的那位男子，是同姓的石野武太郎，他前來拜訪紋太郎。

話說回來，因為這間房子是新建的，所以牆壁的腰張很新，不是反古的腰張，是使用什麼紙呢？通常是鳥子[1]、美濃紙。

❶圍巾

牆壁上的帽子掛架掛著帽子與圍巾，應該都是羽織男的吧。他明明是客人，卻掛得很隨興。

圍巾說明這是個寒冷的季節。雖然沒有座墊，但鋪著毛毯，觀察紋太郎和服的袖口，似乎穿著多層衣物。再仔細看身穿羽織的武太郎的脖子，好像穿著禦寒的襯衫。

❶ 圍巾
❷ 手帕

（Mafura）マフラー——圍巾這個詞彙來自有包覆和覆蓋之意的「muffle」，是維新以後才開始被庶民使用的外來語吧。

根據《明治語典》的記載：「英語 Muffler 是用絹帛等製作的圍巾和披肩，不過大都指圍巾。明治四〇年代，圍巾以男性用品居多，流行的顏色是藍色。時髦男子則會圍上白色圍巾。」另外，根據《舶來事物的命名》所述：「江戶時代，男性會在天寒時圍上圍巾。」但從這張插畫無法判斷圍巾的材質，若是一般庶民，則很可能是手巾，而且和服的衣領處是開放的，所以無論任何布料都可以當作圍巾吧。

圍巾的種類與使用方法

明治六年《新聞雜誌》第八十一號中寫道：「出現了狐和兔毛皮圍巾。」由此可見，生活較有餘裕的人已經開始使用動物毛皮圍巾了。

根據《舶來事物的命名》所載：「大約在明治五、六年，無論是散髮者或結髮者，有些人開始把圍巾對折後將尖端塞入對折處。」在報紙插畫也經常可見（圖一至圖三）。據說在這時期從國外進口的白色圍巾非常盛行。

在大為盛行的時期，有個記載於明治十年十二月十九日《東京繪入新聞》的特殊例子。其內容如下：

住在淺草馬道町一丁目的田中吉右衛門，早上七點起床，他心想睡過頭了，接著打開南邊的防雨門板，結果戶外一位約二十四、五歲、穿著黑色和服並以白色圍巾包住臉的男子，手裡拿著小刀，突然爬上簷廊，以很老套的台詞威脅道：「快把錢拿出來，若出聲就會沒命喔！」當時已經天亮，大家都起床了，因此吉右衛門有恃無恐地大聲呼喊：「小偷！小偷！」鄰居們大吃一驚，生火的女傭、正要磨味噌的大媽都拿著生火用的竹管、磨粉棒衝出來，小偷便倉皇而逃。從這個故事可以知道，在當時白色圍巾已經不那麼稀奇了。

報紙版面上也常出現將圍巾當作面具的強盜新聞。以前常用「手巾」或「頭巾」遮臉，可見圍巾也在強盜世界的文明開化上扮演了重要角色呢。

圖一
將尖端塞入對折處的圍法。
明治12年7月2日
《東京繪入新聞》

圖二
直接塞入胸口的圍法。
明治13年1月28日
《東京繪入新聞》

圖三
將尖端塞入對折處的圍法。
明治14年7月16日
《東京繪入新聞》

用來當作披肩的圍巾

在《舶來事物的命名》也有以下的描述：「明治十二、三年流行將格子花紋的四角形流蘇毛織布摺成三角形的披肩。最初為男性專用，後來布料加大，流蘇也加長，因此成為女性專用了。」女性專用的圍巾稱為「shawl」，請見報紙插畫。

圖四的男子頭戴「水獺帽」。在日本，人們也在北海道的外海鄂霍次克海捕獵水獺，並以其毛皮製作禦寒產品，如帽子、圍巾、防寒衣的領子等。但聽說在明治六年左右，有百分之八、九十的水獺帽是仿冒品。

圖四　明治14年1月26日《東京繪入新聞》

男性的shawl

另有一張男子的插畫，可能出自同一位畫工之手，模樣與前圖十分神似（圖五）。故事內容完全不同，但其實兩位都被描繪成「玩弄女性的詐欺師」。與其說是披肩，在這裡應該稱為shawl較為妥當，無論如何，當時這種形象就是「裝模作樣」，一般人都認為女性會被這種男人欺騙吧。

還有一張詐欺老千的插畫，也請各位看看。這位男子特地到鄉下行騙（圖六），他嘴裡叼根煙草，手拿蝙蝠傘，西裝上套著的有點像是「防雨斗篷」，但實際上應該是「披風」吧。kappa（カ

圖五　明治15年1月25日《東京繪入新聞》

圖六　明治10年12月25日《東京繪入新聞》

ッパ）——防雨斗篷原本也是葡萄牙語，這位詐欺老千不可能穿上這種帶有老舊形象的衣物。可以猜測，這件為了騙人的「虛張聲勢的裝扮」，很可能是在東京的二手衣店購買的披風吧。圖七是明治以後一名旅人穿著防雨斗篷的模樣，請各位對照它們的差異。

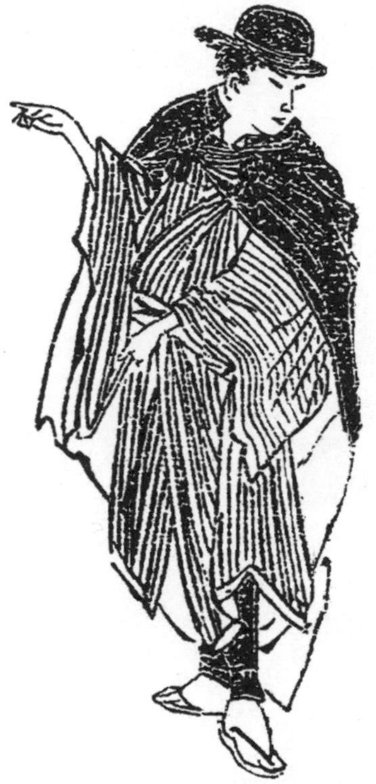

圖七　明治12年7月13日《東京繪入新聞》

如此看來，明治以後有很多日本男性將不同的東西圍在脖子上當作服飾的一部分。基本上是出於禦寒，或是雨天時的雨衣等實用考量，但在「流行白色圍巾」的時期，似乎開始意識到脖子周圍也想要一點裝扮。

另外，各位可以發現在我剪裁的圖片中，這些人的模樣都很相似，那是因為歌舞伎等戲劇的固定模式也被納入插畫的世界裡，其中以《東京繪入新聞》受到的影響最為顯著。

❷將手帕圍在脖子上

比起圍巾，我更好奇書生紋太郎圍在脖子上的布。我猜測是為了預防感冒，它看起來顯然是手帕，不像手巾。明治十九年十一月《繪入朝野新聞》的插畫中有類似的畫面（圖八）。這位轉頭看著後方的主人公書生，我們可以看到他和服下的襯衫，腋下夾著細楞杖，當時的書生流行攜帶楞杖。無論男女，像這樣將手帕捲在脖子上的裝扮，似乎在當時的年輕世代很流行。不過在報紙上只見批判的言論，在此挑選四個例子。

▲明治二十年二月二十日《東京繪入新聞》的文章

「我國最近出現了一種奇異的樣貌」，我原先理所當然地以為是指書生，但實際上卻是女學校的女教師，文章對

圖八　明治19年11月5日《繪入朝野新聞》

此加以貶斥：「把手帕當作圍巾使用，這些女人全都罹患咽喉炎了。」

▲明治三十二年二月三日《讀賣新聞》的投書欄

「今年過年，從商人階層到官員夫人，脖子上都圍著手帕，眞是裝模作樣啊。」

▲明治三十三年十二月十八日《讀賣新聞》的投書欄

「明明是寒冷的天氣，藝妓和茶店女子卻都露出很寬的衣領並向後傾斜，這樣已經夠難看了，不僅如此，還將白色手帕圍在脖子上，眞是讓人摸不著頭緒的打扮。」

圖九　將手帕圍在脖子上的少女，頭上插著流行的花簪，手腕上掛著披肩，是雙重的防禦，也兼具時尚功能吧。明治21年2月25日《繪入朝野新聞》

圖十　原本武士會穿的家徽和服並將手帕圍在脖子上，很難說它是時髦。可能只不過是喜歡新穎吧。明治22年2月17日《繪入朝野新聞》

▲明治三十四年三月八日《中央新聞》的投書欄

「最近流行將手帕圍在脖子上，就連莊重的紳士之間也是如此，我認識的西方人都將此當作笑柄。」

他們該不會在意被西方人取笑吧？（或許真是如此），其後報紙插畫與文章再也沒出現「脖子上的手帕」了。

圖十一　銘酒屋[2]的女人，左邊的兩名男子是來玩的書生。明治31年3月20日

咬手帕！

明治二十年六月十一日《繪入朝野新聞》

〈朝淺墻金露玉振〉中卷中幕續篇

報紙插畫總是很戲劇化，可以這麼說，初期的報紙插畫將讀者當作「看戲的觀眾」，而〈朝淺墻金露玉振〉的連載最符合這個現象。事實上，這篇與其說是小說，不如說是戲劇的劇本。插畫的設定並不是現實生活的場景，而是演員在舞台上演戲。換言之，背景與周邊的物品都是戲院的大、小道具。

若是如此，讀者也可以了解這個富戲劇性的畫面了吧。但誠如先前所說，作家撰寫的文章與畫工描繪的插畫，經常呈現迥然不同的世界。

首先，這位男子名叫利兵衛，如圖所示，他是一位富豪。他的夫人名叫政子，有位貼身的「侍女」。政子因為一些煩惱，正關在自己的房間裡沉思。侍女走進來對她說：

「老爺擔心您從昨天開始就心情不好地關在房間裡，所以他說待會過來。」

「什麼？他要過來？這只是我的老毛病而已，也沒什麼特別的煩惱，用不著勞駕他，我過去就好。」政子說完便拉開紙門走了出去，此時政子的服裝是「利兵衛喜愛的衣裳」，也就是這張

❶ 巴斯爾風格的洋裝

❷ 手帕

插畫上的西服。

這是所謂的「巴斯爾風格」，是鹿鳴館的婦人會穿著的衣裳。在這種衣裳裡一定會戴上固定身體的束腹，通常無法一個人完成穿戴，是相當麻煩的女性服飾。

雖然是戲劇，但未免也太誇張了，我們先看看後面的發展。

利兵衛：「妳說人不舒服，但看起來沒什麼異狀，我想應該只是悶悶不樂的老毛病而已，所以才關在房間裡吧。要不要到庭院散散心呢？」

政子：「老爺說得沒錯，這是試過各種藥和散心方式都沒用的難病，看來是要糾纏一輩子吧！」她說完後用袖子遮住臉。

所謂「用袖子遮住臉」，若穿著和服，便是如圖一的動作。

插畫中描繪的就是這段文字，但文章裡完全沒提到「巴斯爾風格」，也沒有咬著手帕感嘆等畫面。

這也是常見的圖文不符的例子之一，若從作家與「名為畫工的導演」兩者立場的不同來思考，就很容易理解了。如果身為導演的畫工，其插畫讓觀眾（包括我們）感到有趣的話，那麼他這場執導就成功了。

圖一　明治16年10月4日《東京繪入新聞》

❶巴斯爾風格的洋裝

明治十六年十一月，時值「鹿鳴館」（為了與歐美人交流而建設）時代，當時上流階級的婦女喜歡穿著這種風格的洋裝。「巴斯爾」（bustle）是指穿在裙子下的腰帶，是一種內罩，目的是為了製造出讓後臀上翹的效果，也就是巴斯爾風格（圖二、圖三）。

開始穿著西服時期的日本婦女

在明治十九年六月十六日的《時事新報》投書欄，一位投書者記載前往東京木挽町厚生館[1]聆聽婦女讀書會演講的事情。文章如下：「在眾多婦女當中，不少人穿著裝飾豐富的西服，這無所謂，但『這些穿西服的貴夫人和小姐都行日本式的彎腰敬禮，真讓人無法接受。後來我不斷呼籲別再做這種事了，這會被應邀而來的歐美人士取笑。』」

圖二　女性的冬季洋裝。從頭到臉部都蓋著「面紗」，身穿皮毛滾邊的外套，右手插在手籠裡。明治22年6月5日《江戶新聞》

圖三　夏季洋裝，左手拿著扇子。明治23年1月23日《大和新聞》

這篇文章似乎想要表達，既然穿著西服，就應該行西式禮儀。而且那些從大老遠來日本教授西洋事物的外國人看到這種行為會很失望……。原來當時有這種言論啊！

總之，鹿鳴館完工時，日本抱持著和西方平起平坐的強烈渴望，在服裝方面也以「衣服改良」為名，拚命想納入西洋風格。因此當婦女們開始穿著西服時，經常出現打扮與一般日本人式「舉止」很不協調的畫面。

同樣在《時事新報》，明治十九年六月二十一日的投書欄寫道：「日本婦女穿著西服時，任何人都會停下來看，這是為什麼呢？因為身穿西服的婦女內八搖臀的走路方式，讓人不禁想停下腳步瞄一眼。」所謂「任何人」是指男性嗎？不過，這篇文章想說的應該是巴斯爾風格與和服不同，強調腰部的設計，所以日本人和西方人不一樣的奇怪舉動，其實是很不錯的消遣。

短暫的婦女西服風潮

看來明治十九年左右似乎是婦女穿著西服的極盛時期。銀座二丁目「丸善商社裁縫店」的兒子在這年的《時事新報》上刊登廣告，內容是關於裁縫店附近的銀座通開了一間「西洋女服裁縫店」（圖四）。不過，婦女西服十分昂貴，一般民眾只能「望服興嘆」了。

明治二十一年一月十二日《讀賣新聞》的報導指出，弓町八番地（現今銀座二丁目的外堀通沿路）新開了「大和製服社」，其宗旨是因為當今盛行的西服「大部分都是英美德法混雜的拼湊品，不僅引來外國人的嘲笑，其價格也相當昂貴，無論在經濟或衛生上都是弊大於利。」所以，「此次將會從西洋各國的服制中選取可作為模範者，一概不採用舶來品，而是以我國產品來製作高尚優美且輕便又獨特的婦女服飾。」文末還提出了疑問：「真的能達成目的嗎？」

我們不知道後來這些努力的結果如何？但明治二十一年六月十日《東京繪入新聞》報導：「日本婦女的西服風潮逐漸走下坡。」「事實上，英國陸軍少佐トンストン（Tonsuton）與夫人現正參觀京都與大阪地區，目前住在有樂町的東京飯店，他對日本風格大為讚美，並批判了日本婦人穿著西服，尤其最不喜歡日本服搭配鞋子的風潮，他認為日本人最好還是穿日本服裝、住日式房屋，希望舊大名[2]的屋舍能夠繼續保存。」看來當時西方人對日本人的西洋化也抱持著「這樣好嗎？」的疑惑。

圖四　明治19年10月4日《時事新報》

另外，根據同年九月六日《繪入朝野新聞》報導，無論是什麼生意，整個社會都不景氣，「特別是西服店近來特別困頓，穿著婦女服裝的人愈來愈少，因此不少店家解聘原本雇用的外國人。事實上，銀座三丁目大倉服裝店雇用的外國人ライト（Raito）女士也被解聘了，她在前天搭船返回巴黎。」就這樣，婦女西服的第一次流行很快就退潮了。

❷手帕

女性用力咬住手帕的模樣，是一個很戲劇性的畫面，不過樋口一葉在《濁江》（明治二十八年）裡描述：「話說到一半，阿力難忍溢出的眼淚，捂著紅色手帕並咬住邊緣，沉默了半個小時。」雖然是小說，但既然一葉都描述了，不禁讓人覺得現實中真的有這種行為……。

關於手帕，根據《博學事典》風俗篇（下）所載：「明治十一、二年左右開始流行方形的西式手帕，名為『ハンカチーフ』（hankachifu，即英語 handkerchief 的日譯），另外也略稱為『ハンカチ』（hankachi），使用絹、羽二重[3]等布料，並加上美麗的雙面刺繡，另外也有其他如紋織、浮織、條紋等，種類愈來愈多樣化。」

此外，在手帕的名稱尚未普及之前，曾經出現過疑似手帕的東西。根據明治十四年一月十八日的《讀賣新聞》，皇居御苑內舉行獵兔活動，捕獵到兔子的士兵們被賜予「帽子、鼻拭、裡衣褲」三樣東西。關於當中的「鼻拭」，在明治初期有段時間裡，日本人常看到外國人用手帕擤鼻涕，因此將手帕取名為鼻拭。順帶一提，在這次的獵兔活動中，其他士兵則是獲得了橘子。

另外有一則「鼻拭」的相關事件刊登於明治十五年一月二十七日的《讀賣新聞》。內容如下：「前天晚上十二點左右，英國人キイリング（Kiiringu）氏走在芝公園內新鋪設的道路時，暗處出現一名強盜，亮出刀子恫嚇他，後來搶走了三圓七十五錢、一本教科書和一條鼻拭。」

我想這應該是「鼻拭」名稱最後一次出現的記錄了。

另有其他漢字如「半手拭」、「白短布」等。（明治時代的報紙上）用片假名記載時，幾乎都

寫成「ハンケチ」（hankechi），也有「ハンケチーフ」（hankechifu），目前為止我尚未看過明治時代使用「ハンカチ」（hankachi）的記錄。

製作手帕的家庭副業

穿著西服總不能搭配日式手巾，手帕應該還是隨著西服一起傳入的吧。一開始可能是舶來品，不難想像不久後便出現國產品了。

我猜測應該是國產品剛出現的時期，根據明治十二年九月二日《讀賣新聞》的報導，當時一位美國前總統訪日，當他返國時獲贈了各種禮物，其中便包含了「兩打綾織手帕」。

大約在明治十八年左右，報紙開始報導國產甲斐絹、羽二重等製成的手帕，出口量逐年增加。在產品製作中手帕滾邊是不可或缺的，因此經常募集女工。據說一名女工一天最多只能縫製兩條手帕。

一葉的《埋木》（明治二十五年）曾描述：「將代工的產品拿給手帕批發商後直接去了別的地方。」指的就是手帕的滾邊，這是在此類家庭副業盛行時的故事。

請各位觀賞絹手帕家庭副業的報紙插畫（圖五）。

如《埋木》的描述，代工製作的手帕必須集合一定的數量再拿給批發商。在此介紹一則相關事件。

明治二十年四月二十一日的《東京繪入新聞》描述一起事件，內容如下：淺草三間町一名女性小宮おいさ（Oisa）行走於淺草仲町的馬路上時，「突然間一名二十四、五歲的男子從後方抱

圖五　明治31年9月21日《都新聞》

住她，她驚呼『啊！』的一聲，男子趁機將裝有一圓與一百條西式手帕的包巾搶走，她更加吃驚地喊著：『搶劫啊！搶劫啊！』於是一位巡查從旁邊的小路出現，立即將他逮捕。」

這可能是將完成的手帕送去批發商的路上。因為一袋裝著一百條有點多，所以 Oisa 小姐也許是負責統整各家代工的人吧。

用嘴「咬住」或「叼著」的習慣

接著回到一開始的插畫，這種咬住手帕的行為，現在幾乎已銷聲匿跡，這可能是源自戲劇或浮世繪世界裡「表達感情」的方式，如「咬緊牙關」或「咬牙切齒」吧。

除此之外，以前日本人經常「用嘴叼東西」，在報紙插畫可見一斑。這可說是「第三隻手」。因為整理和服的裙尾與長袖時，必須使用雙手，自然而然地便開始了用嘴的習慣吧。咬著某物時會產生「霸氣」，而且在很多場合，女性咬著某物時會讓人覺得「很性感」，是一種帶有特別效果的畫面。以下列舉幾張圖片來說明其效果。

圖六　叼著短刀。
明治13年12月18日《東京繪入新聞》

圖七　叼著包巾。
明治12年2月8日《東京繪入新聞》

圖八　手拿著手燭並叼著懷紙[4]。
明治16年4月28日《東京繪入新聞》

圖九　叼著懷紙，以杓子洗手。
明治20年6月15日《大和新聞》

圖十一　叼著梳子整理頭髮。
明治28年5月28日《都新聞》

圖十　叼著信封。
明治28年11月28日《都新聞》

圖十三　以頭簪當武器，叼著扇子。
明治29年5月8日《都新聞》

圖十二　叼著信封讀信件。
明治29年1月8日《都新聞》

圖十五　從公共澡堂返回的途中，叼著弄濕的糠袋。
明治31年10月27日《中央新聞》

圖十四　以手巾包蓋住頭並叼著手巾的一邊，
明治31年7月27日《都新聞》

圖十六　從公共澡堂返回的途中，叼著弄濕的糠袋。
明治44年10月6日

圖十七　明治19年10月7日《改進新聞》

揮舞手帕

　這張插畫描繪一位女性在船上揮舞手帕的畫面（圖十七）。

　與人離別時的揮手動作（這張插畫是揮舞手帕）是從什麼時候開始的呢？因為是一個相當單純的動作，所以我從未想過。我也不曾思考過，那是日本自古以來便有的嗎？還是受到外國人的影響呢？因此我稍微調查了一下，發現日本原本有「振魂」的習慣，是帶有震動空氣來送氣的意義。送人出門時的揮手也是來自於此，所以揮舞手帕的動作也是它的延伸吧（圖十八）。在此僅介紹揮舞手帕的插畫，至於下列（圖十九）一邊揮著手帕一邊單手騎腳踏車的「活潑」女學生，則有待下一章詳述……。

圖十八　目送船隻的和服婦人，
明治31年10月9日《都新聞》

圖十九　騎腳踏車揮著手帕的女學生。明治36年11月9日《萬朝報》的廣告

ハンケチ（hankechi）或ハンカチーフ（hankachifu）的廣告

「ハンケチ」（hankechi）的漢字一般都用「手巾」。現在大部分的人都說「ハンカチ」（hankachi），而在當時主要是「ハンケチーフ」（hankechifu）或「ハンカチーフ」（hankachifu）及「ハンケチ」（hankechi），截至目前，我從文字資料上未曾看過明治時代使用略稱「ハンカチ」（hankachi）的例子。

明治十六年鹿鳴館開館，促使西服文化的興起，明治十九年的「白木屋」比「三越」早先一步開設了西服部。也許一般認為西服應該搭配手帕，因此同年的廣告中也出現了手帕的名稱。後來它脫離附屬地位，明治三十一年，中西儀兵衛所開設的手帕專賣店已開始刊登廣告。

明治19年5月22日《時事新報》

明治19年6月22日《繪入自由新聞》

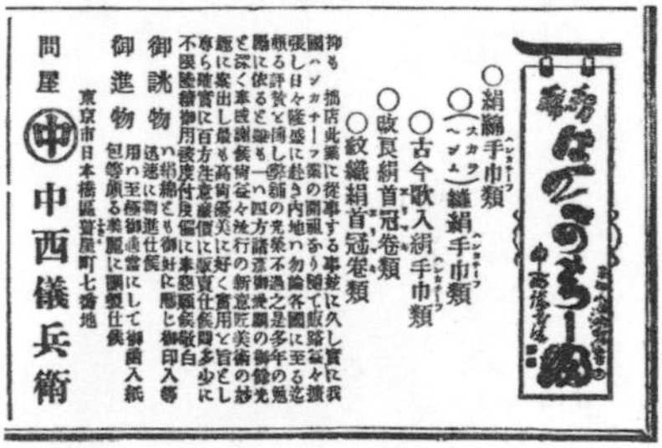

明治31年11月3日《讀賣新聞》

明治39年2月7日《都新聞》

明治32年2月14日《都新聞》

女學生與腳踏車

明治三十六年二月二十五日《讀賣新聞》

《魔風戀風》第二回

延續上一章的廣告「騎腳踏車揮著手帕的女學生」（頁一八〇），本章介紹女學生吧。事實上，這張女學生插畫比前者早九個月出現。仔細觀察，她們的髮型和服裝都一樣，握著把手的右手好像拿著手帕。

話說回來，這張插畫描繪得很簡潔。因為沒有背景，所以騎著腳踏車的女學生特別令人印象深刻。

截至目前，本書都是從插畫上截取人像來加以說明，不過此圖是一張獨立的圖片，在明治三〇年代後半，報紙小說的插畫經常出現這種筆觸較為輕鬆的圖案。隨著報紙的頁數增加，報紙版面需要較多的小插畫，因此畫工的工作量增加，無法花太多時間在小說插畫上。不僅如此，這個時期的風氣已經逐漸轉變，學習西洋畫的畫工也加入行列，他們尋求新的意象，不再是歌舞伎、浮世繪的風格，而是注重某種洗練的感覺，或「不受框限」、「不做作」的風格。

騎腳踏車的女學生

小杉天外[1]的小說《魔風戀風》以女學生的自由戀愛為主題，在當時的社會備受矚目，是一部熱門話題的作品。而它也因為故事主角的女學生騎著腳踏車登場而引發討論。

這位女學生是十九歲的萩原初野，後來因腳踏車事故而住院。根據醫院的護士所說：「她很漂亮喔！真的很漂亮！大大的眼睛，高挺的鼻子，膚色晶瑩剔透。」她是如此好看的美人。過去細長的眼睛是美人的重要特徵，但此時「大大的眼睛」成為美人的要素，光是這一點就可以知道時代改變了。

話說回來，從手把下握著疑似手帕的東西來看，她雖然是活潑的女孩，但仍有擦拭汗水的教養，原以為她是大戶的千金，但其實是千葉縣香取郡佐原町的平民。我想，因為這位既不是華族也不是高級官員千金的平民之女成為小說的主角，所以廣受民眾的支持吧。

好學的女學生

在女學生的名稱出現之前，似乎有「女書生」這個稱呼，即使到了明治三〇年代，報紙版面仍然可見到「女書生」一詞。大約在明治十年，報紙上出現了「女學生」的名稱，但我猜測現實社會裡應該更早就開始使用了。

另外，「女生徒」一詞也很早就開始使用，它也包含了小學校的學生。既然叫做「女學生」，那麼稱為「女學校的學生」會比較容易理解，但實際上小學畢業後繼續升學到其他學校的人[2]

也都稱為「女學生」，如此一來界線就過於模糊了。

野口孝一的《銀座物語》中提到：「明治二年九月，美國長老教會的傳教士卡羅瑟斯（Carrothers）在東京築地的外國人居留地開設英語學校，有一名女扮男裝的女子入學。」也就是說，因為當時的女性還無法和男性平起平坐，於是無論如何都想學英文的這位女子，甚至打扮成男人，就是希望可以進入學校就讀。卡羅瑟斯的妻子朱莉亞（Julia）得知後深受感動，於是在築地居留地又開設了A六番女學校[3]。這是隔年三月的事，而這間學校便成為日本第一所女學校。這名女子的年紀不詳，但在這種情形下年齡已不重要，只要是有心向學的女子學生，都當作「女學生」也無妨。

陽剛氣太重的女學生

多年後，明治三十五年八月二日《讀賣新聞》的一篇投書比較了東京與大阪的女學生，文中分析大阪女學生保有「昔日女孩的氣息」，但東京的女學生卻是「冷淡、陽剛氣太重」。我很好奇這種說法是否妥當，於是翻閱報紙的投書欄，發現確實有不少這種事例。

明治八年十月八日的《讀賣新聞》中有篇文章，雖然稍長，但在此引用全文：「近來學校愈發盛行，女子也開始努力學習，實為令人欣喜之事。但有一點不甚明白，我認為一名女性從髮型到穿著都應該美麗而溫和，然而觀察近期上學的女學生都穿著袴，難看又粗魯，這樣好嗎？在日本，過去貴族家的女傭會穿著緋紅色的袴；在貴族的社會裡，婦女遇到戰爭時也會穿著袴或盔甲，但我未曾聽過平時也穿著袴。不僅如此，婦女服裝也分成日常服飾與正式場合的服飾，這是自古以來的習慣，因此沒有道理現在必須穿著男子的袴才不失禮吧。在官方指定婦人服裝之前，暫時穿著西服也無所謂。我建議不要再穿男子的袴了。——麻布永坂新妻某」

這裡的「新妻」，不確定是指作者為女性，還是其姓氏[4]，總之，此人似乎認為女漢子的陽剛「袴裝」不太好。與其說是女漢子，我倒覺得她們只是想在新的社會裡更加活躍地吸收知識而已。

圖一　明治20年4月28日《繪入朝野新聞》

圖二　明治36年7月19日《都新聞》

另一篇同樣認為袴不妥的文章，是明治十九年六月三十日《時事新報》的投書。內容如下：「華族女學校的學生們，穿著紫色的袴與鞋子，拿著蝙蝠傘，但為何卻沒有勇氣進一步改為束髮西服呢？若諸君不趕快改良，世人便會將諸君稱為山藥怪物，請深切反省吧！——青山，忠告堂硯海」

果然是鹿鳴館最繁盛的時代，所以想法也稍微進步，建議束髮（西式髮型）不應搭配袴，而應搭配西服。後來這種「女學生風格」的袴裝仍然維持了一段時間（圖一、圖二）。

圖三　「夜會結」。
引自《日本家庭百科事彙》。

更年輕的女孩看著這些活潑的姊姊成長，也深受這種風潮的影響。根據明治三十一年十月六日《讀賣新聞》的投書所述：「橫濱小學校女學生的狂妄令人不敢恭維。相生町某家千金穿著黑縮緬的三紋羽織[5]，頭上繫著夜會結（圖三），戴著有色眼鏡，大搖大擺地上學——呆生」。

對當時的小學生來說，「夜會結」應該也是「裝大人」的髮型吧。但竟然戴著有色眼鏡，不愧是橫濱的少女，即使現在看來，也是讓人不敢恭維的時尚。

女性從小就像在扮家家酒般地打扮自己，這種「特質」無可厚非。因此報紙刊登了許多女學生化妝用品的廣告（圖四）。

圖五　「magareto」（マガレ｜ト）。
引自《日本家庭百科事彙》

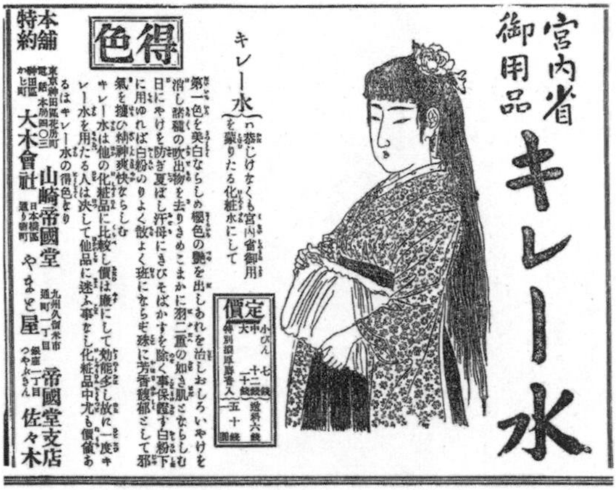

圖四　化妝水「kire水」（キレ｜水）[7]廣告。
明治32年8月23日《都新聞》

那麼，這篇〈魔風戀風〉的女主角初野的容貌又是如何呢？「優美的肩線」、「棗紅色的袴，綁著馬尾，清新的白色髮飾，和服是箭羽花紋的風通（一種二重織[6]），袖子稍長，但隨風飄動，色彩美麗而高雅……。」文中提到的髮型是馬尾，若把頭髮編起來，就是當時流行的髮型「magareto」（マガレｰト，即Margaret的音譯，圖五）。

活潑的婦女

類似腳踏車的單人交通工具還有「騎馬」。在橫濱開港以前並無女子騎馬的習慣，到了明治四年四月十九日才允許開放，於是一般庶民的女性也可以騎馬了。

日本女性不會坐在一般的馬鞍上，最初使用西洋女性橫坐的馬鞍。明治十九年一月四日刊登於《東京繪入新聞》的小說〈片雄浪〉中所描寫的女性（圖六），是在「生活無憂

圖六　小說〈片雄浪〉中的一個畫面，明治19年1月4日《東京繪入新聞》。

無慮」、能夠「在庭院裡練習騎馬當作消遣」的環境下成長，這天她們從根岸附近大老遠騎到王子。仔細看連馬鐙都沒有，可見她們應該是用橫坐式馬鞍。

活潑的女孩遭遇腳踏車事故

可能是偷偷練習騎腳踏車，根據明治二十七年八月三日《都新聞》的報導：「連束髮都被說成狂妄，那麼這個就更誇張了，麴町區富士見町五丁目某戶人家的次女花子（二十歲）騎著腳踏車到處跑，前天打算前往上野公園，於是騎上腳踏車出門，在本鄉壱岐坂往下坡時，不知怎麼被一輛腳踏車撞飛，連站都站不起來，最後靠著人力車回家。據說不少人對這位名花留下瑕疵而感到惋惜。」

也就是說，這是一起兩台腳踏車相撞的事故。如果是良家子女，在自家院子也可以練習。她可能是想試試自己的技術吧，但在當時看來，這卻是非常不知羞恥的行為。

話說回來，當時只要是有常識的家長，絕對不會允許孩子騎腳踏車。也許因為花子的父親是外交官，知曉海外的情況，所以對騎車一事是可以理解的。或因為花子偷偷使用哥哥的腳踏車練習而產生了自信，於是發揮冒險的精神，嘗試一個人騎到較遠的地方，最後造成慘不忍睹的結果。

無論如何，目前看來這篇是較早記載女性騎腳踏車的文章。但也許因為在那個時代認為年輕女孩做這種事情也無妨，因此文章內容並沒有那麼具煽動性。若是如此，女性很可能在更早之前就開始騎腳踏車了。

腳踏車與藝妓

雖然有各種說法，但腳踏車大約是在明治三年左右首度進入日本。當時有人描述「踩腳踏板便會慢慢啟動」。在此僅列舉腳踏車與女性相關的事情。

在上述那位千金小姐車禍的新聞之後，就沒有再看到其他女性騎腳踏車的報導了。然而，根據明治三十一年七月十一日《讀賣新聞》的投書內容：「在新橋很著名的小松屋阿越[8]，近日不知怎麼地開始練習騎腳踏車，束髮配上紫色袴，發出驚人的號令聲[9]，在狹窄的巷弄裡騎來騎去。聽說腳踏車練習場在河邊市場的河內屋前面。」

下一幅畫應該便是這位「新橋阿越」，訪日的法國畫家畢戈（Bigot）在同年九月畫了一張圖，描繪背著三味線、撩起和服裙尾，以這種「難看的姿態」騎腳踏車的新橋藝妓（圖七）。我想

(Japon Fin de Siècle)
Quelques unes de ces demoiselles de Shimbashi s'adonnent à la bécane...

圖七　畢戈（Bigot）〈騎著腳踏車的藝妓〉，引自《日本人的生活》（明治31年9月）

實際上沒有背著三味線，但因為阿越是十分出名的藝妓，因此當時應該相當轟動吧。

包括藝妓在內，一般庶民練習騎腳踏車時，通常一開始都是先尋找空地，或在專用練習場繞來繞去（圖八）。這些設施都備有租用腳踏車，而且在明治十二年左右已經有腳踏車出租店，因此出現了租車後馬上騎到大馬路而造成問題的人（圖九）。

藝妓的挑戰精神

新橋阿越年齡不詳，但應該是十八至二十歲之間。和前述的良家子女「花子」年齡相仿，正可謂「當代女子」。不僅如此，這個時代的藝妓認為標新立異也是才藝之一，因此不時抱有這種挑戰的精神。

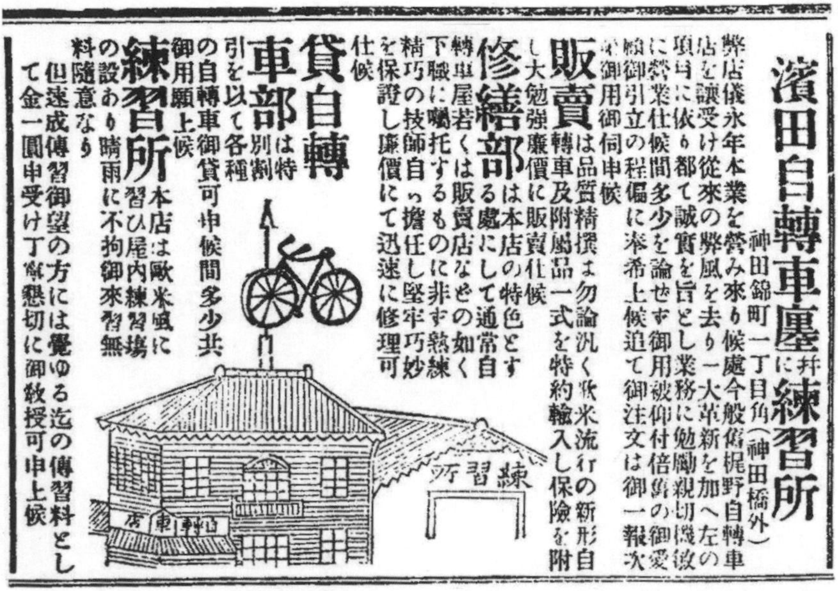

圖八　濱田腳踏車店、練習所的廣告。明治31年1月2日《中央新聞》

圖九　在大馬路上練習腳踏車。明治31年3月4日《中央新聞》

例如明治五年二月的《新聞雜誌》第三十二號記載：「這陣子柳橋的歌妓（即藝妓）阿亭進入橫濱高鳴的學校學習英學。在遊樂圈子裡出現這種奇特的女性是很稀奇的。」此處的英學，是指英語會話。同年一月的《日要新聞》也報導了橫濱穿西服的藝妓，不難想像會引起不少話題。

抱著標新立異心態的藝妓，她們的挑戰之一便是明治三十一年的「腳踏車」。事實上，這一年日本社會也流行騎腳踏車，當時出現一篇令人在意的投書。和這位「阿越」挑戰騎腳踏車的同年，明治三十一年十月一日的《讀賣新聞》記載：「江副商店販售的卷煙CYCLE盒子背面，印有外國女性騎腳踏車的圖案，仔細一看，是男性的騎車方式。——煙草愛好者」報紙上經常刊登「CYCLE」（明治三十年十二月開始販售）的廣告（圖十），但廣告欄並沒有登載背面的圖片，也只能想像了。

看不到也沒辦法，但也許透過這個「CYCLE」煙草的包裝，一般日本民眾第一次有機會看到「女性騎腳踏車的模樣」。藝妓「小松屋阿越」很可能看過這個紙卷煙草「CYCLE」，因此我們可以推測她或許是

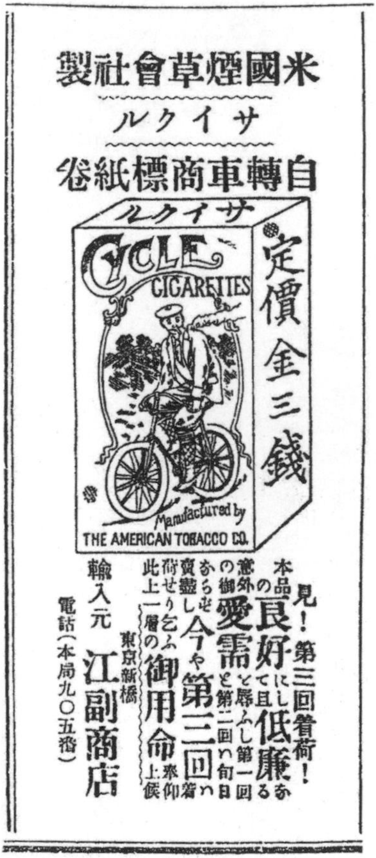

圖十　香煙「CYCLE」廣告。
明治31年4月11日。

圖十一　明治31年9月15日《讀賣新聞》

看到盒子背面的圖片後，而想要親自嘗試。

雖然如此，投書文章提到：「仔細一看，是男性的騎車方式。」男性的方式是跨坐，不像女性騎馬時的「橫坐」——即「女性的方式」。所以這是一種有爭議性的騎法。「阿越」顛覆了「當時的常識」騎腳踏車，應該需要很大的勇氣吧。

我未能尋獲「CYCLE」盒子後面的圖片，但看到明治三十一年九月十五日的《讀賣新聞》刊登「騎腳踏車的女性」的插畫（圖十一）。標題是〈時間是金錢〉，仔細一看，坐在後方的老婦人似乎是橫坐，她被前面的腳踏車拖著，比步行還要省事。畢竟是老婦人，無法以男性的方式騎腳踏車。即使如此，我認為大約在這個時候，已經有女性主動蹬上腳踏車的風氣了。

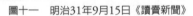

女學生的腳踏車風潮

據說〈魔風戀風〉女主角的原型是後來成為世界級歌手的三浦環。明治三十三年，她就讀上野的東京音樂學校時，便是騎腳踏車通學。當年的確出現了許多騎腳踏車通學的女學生，根據十一月三十日《讀賣新聞》的投書所載：「不是我要攻擊女人騎腳踏車，但近來穿著棗紅色袴裝的女人（當時的女學生都穿著棗紅或紫色的袴）撐著洋傘騎車，真是難看極了。深切希望改為戴帽子。——社會生」

另外，十二月的《二六新報》寫道：「昨日，有些女學生騎腳踏車前往音樂學校的秋季音樂演奏會。」這篇報導附有圍著披肩、騎腳踏車的女學生插畫（圖十二）。

然而，針對女學生騎腳踏車也出現了不少批判。根據明治三十四年三月十四日的《讀賣新聞》所述：「前些日子，四、五位棗紅西施突然闖進向島的百花園，騎著腳踏車排成一列，當有人盯著看，她們就像被下了號令似地，不約而同地拿出手帕遮掩嘴巴。我敢斷定，有女孩騎腳踏車的家庭一定很沒紀律。——口髭紳士」

另一方面，也有人為女性騎車辯護。以下內容節錄自明治三十四年三月二十五日的《中央新聞》。

「社會上有人嚴厲批判騎車的女學生和千金小姐是瘋丫

圖十二　騎著腳踏車的女學生。明治33年12月10日《二六新報》

頭，而且言行高傲，但我認為這是最令人感到充滿活力且愉快的事了。尤其是五、六人在春風裡一起飄動著棗紅色的袴騎車兜風，真是讓人感到十分快活啊。——女尊居士」

女學生與偷車事件

說到三浦環騎車上音樂學校，有篇報導裡描述的人很可能是和她同期的女學生。報導中描述當時女學生的風俗很令人好奇，文章內容節錄自明治三十四年四月十六日的《中央新聞》。

「綁上巴黎最新型的夜會結，將行燈袴（沒有內襠布的袴，也稱為袋袴）拉高至胸前，穿著羊皮的鈕釦靴、輕輕踩著腳踏板的身影，連路過的白髮老婆婆都不禁發出『啊！』的聲音，目送著這個背影。也難怪其他女同學因考慮練習時間，及省時、方便性，都跟著想騎腳踏車。還有人為了往來兩所學校，或把握練習時間，每天都向年輕兄長苦苦哀求一台腳踏車，有位名叫竹子的女子[10]（十九歲），是本鄉弓町一丁目八番地某氏的千金小姐。她前陣子開始騎腳踏車去上野音樂學校，騎車路線是由本鄉通往不忍池的方向。上個月二十九日早上，（中略）她在音樂學校玄關和鍾愛的腳踏車暫別，當天下課後，走到玄關想騎車回家時，發現那輛腳踏車沒有等待女主人歸來，已經不翼而飛了……。」

總之，這篇文章的內容是敘述腳踏車遭竊，最後抓到犯人的經過。

愈來愈大膽

女學生騎車的方式愈來愈大膽，例如一手騎車一手揮舞手帕，或撐著洋傘騎車等。根據明治三十四年十月四日《讀賣新聞》的投書記載：「本月三日早晨，騎車路過我家門口的一名女學生，放開兩手賣弄特技，意氣洋洋地騎了過去。」最後介紹一則令人痛快的壓軸報導。節錄自明治三十七年十二月三日的《東京朝日新聞》，標題為〈腳踏車西施（與電車賽跑）〉。

「對無趣的學習生活感到厭煩的棗紅行燈袴西施，這位不知其名的千金小姐每天騎著紅色腳踏車，從淺草代地邊通學到築地的女學校。她年約十七、八歲，帶著有點氣魄的表情，神色嚴肅，專注地踩著腳踏板。是一位很早就懂得『鞍味』（可能是一種騎車技術）的達人。

前天早上，她一如往常從柳橋經過吉川町，騎到橫山町時，前方有某班東京電車發出尖銳的鈴聲，像是將四周淨空似地前進。電車對騎車的人最是礙眼，於是她乾脆超越它，很悠哉地騎在救助網（當時安裝在電車前方的網子）前面，還得意地放開一隻手。車內的乘客抓著皮革吊環，每當電車搖晃時，都會來回搖擺三下，連菸都抽不了，身不由己，無法自由行動。因為無事可做，透過玻璃窗看著那位小姐，吵吵嚷嚷地責罵：『看看那個背影真可惡，實在不像話！』司機也忍無可忍，心想：『可恨的棗紅妹！』接著稍稍加速並瘋狂鳴鈴。千金小姐也不甘示弱，表現出『來啊！我不會讓你超車的！』的神情，拚命地往前奔馳，原本梳好的花月卷[11]已經散亂，在晨風裡飄揚著，箭雨紋的袖子也鼓了起來，結果慘了！在鹽町狠狠地摔了一跤。

別說車內，連路上的人都拍手連喊萬歲，千金小姐柳眉倒豎，再度騎上腳踏車快速地超越，電車也再度加速超越小姐兩三回。因為騎得太激烈，控制不了手把，結果在旅籠町的馬路中間再次跌倒。這裡是許多前往魚市場、說話狠毒的人來來去去的地方，責罵聲更勝先前百倍。她是一位女性，按理說應該要害羞得滿臉通紅，但她是個活潑至極的時髦美人，只是若無其事地跨上腳踏車。反而是電車感到羞恥，電線冒火，連電車的影子都發紅了。此刻，這位小姐已經超過競爭對手，在她彎過本町四丁目的轉角，正要朝江戶橋的方向前去時，回頭對著電車揮著白皙的手，好像在說『過來！過來！』然後笑著騎走了。棗紅脾氣真不簡單，司機、乘客與行人的脾氣也都很不簡單。」

女子力量不容小覷。到了這個時候，人們已經很適應文明開化，時代正迅速改變中，透過這些文章我們可以清楚地感受到這一點。

飆啊！飆啊！洗耳的腳踏車

怎麼樣，這種速度感？這是刊登於明治三十三年《都新聞》〈剃刀阿金[12]〉第九十六回的插畫，地點是巴黎。在此之前，女主角阿金才以手槍射擊人，所以這回出現這個畫面。在這集文末寫道「圖片說明請待明日」，但隔天的下一回卻隻字未提。

相較於此，應該更要注意這個很有速度感的描繪方式。長髮飄舞、裙尾飛揚，連腳踏車的車輪也扭曲了，乘奔御風之貌，宛如現在的劇畫[13]。看看同部作品的其他插畫，都是從未描繪過的角度、複雜的動作，以及很細微的舉措等，是一位相當有挑戰精神的畫工。

繪者是明治二年十月五日出生於群馬縣（有些資料是埼玉縣）的松本洗耳（本名松本政吉）。明治二十七年，他正值二十五歲，進入富岡永洗的畫塾。明治二十九年任職於《都新聞》，明治三十九年五月二十八日去世，得年三十七歲。期間他曾在《風俗畫報》發表許多插畫，特別是在了解東京風俗必備的《東京風俗志》中有質量都很驚人的插畫。通常這些人去世後會有各種軼事被披露出來，但卻幾乎不見他的軼事。看來他是個三不五時就外出素描，非常專注於繪畫志業的人，連交朋友的時間都沒有。在他的安息之地菩提寺[14]——上野不忍池畔「覺性寺」——只留下了過去帳[15]，墓碑等都已不在了。他的後代等親人也都在空襲時罹難，如今已難以得知他的事蹟了。

明治33年12月18日《都新聞》

有色眼鏡是什麼顏色呢？

明治三十六年四月二十四日《都新聞》
〈實譚後來的阿梅〉第五十二回

上一章提到了橫濱少女戴有色眼鏡的文章（頁一八七），在此稍微談談「有色眼鏡」。我蒐集了有色眼鏡的相關插畫，卻找不到少女戴有色眼鏡的圖片。果然戴上有色眼鏡是特殊情形，看起來大都像是「可疑人物」。

在插畫的小舟上，有一位怎麼看都是「可疑人物」的角色。這艘小舟是隅田川的渡船，時間設定可能是明治三年左右。這位人物在小說中的描述如下：「約莫四十歲，身材高瘦，頭上戴著當時很少見的兜形美國帽，穿著厚羅紗披風，吊兒郎噹地配戴細長的黑蠟色刀鞘，腳上套著深藍色的足袋和雪駄[1]，肩上扛著繭玉[2]，因為這天是初卯[3]，他應該是在參拜完龜戶妙義神社的歸途中。」但關於有色眼鏡一事沒有任何說明。

❶有「小心火燭」字樣的火打袋

穿著印半纏[4]的船夫一邊撐拄長篙一邊說：「好啦，要出發了！小心喔！嘿喲咿嗨喲……，

2 有色眼鏡
1 有「小心火燭」字樣的火打袋

喂，那位老兄，今天參拜妙義神社時不巧下雨了，被雨天搞砸，真是可惜。柳橋的船宿也很不一樣吧。」他的腰邊繫著「火打袋」，這是一種隨身攜帶的袋子，在火柴出現之前，主要是放入抽煙時使用的打火器具。

❷有色眼鏡

在元和年間（一六一五—一六二四），一般無色的眼鏡已經可以在日本生產。鏡片加上有色玻璃便成了「附有顏色的眼鏡」，也就是「有色眼鏡」。這種東西也是江戶時代就已經出現，目前展示於東京澀谷的「眼鏡博物館」。

至於在報紙方面，明治七年十一月十七日的《朝野新聞》寫道：「有人說，眼鏡是對老花眼有益的好東西，近年來連年輕人都流行戴色眼鏡，它可以避免眼睛疲勞，對眼睛好，也可以防止沙塵，未必是不好的事。」可見當時的稱呼是「色眼鏡」，而且已經開始流行了。換言之，一般認知它應該相當於現在的墨鏡，不難想像當時鏡片的精密度不高，令人懷疑真的是「對眼睛好」嗎？

【綠眼鏡】

雖說是有色眼鏡，到底是什麼顏色呢？在克拉拉．惠特妮（Clara Whitney）的《勝海舟的媳婦克拉拉的明治日記》裡描述了明治九年二月十一日的紀元節[5]，在拜訪皇居的上流階級大人物裡有一位「戴著綠色大眼鏡的男人」。也就是說，此時日本人已經可以在某處購買到有色眼鏡了。此記載的時間相當早，但插畫裡小舟上的男人在更早以前就購買了，因此可以推測，幕末時代來到橫濱的西方人，在長途的航海旅程中（可能）以它來防止紫外線，後來也流入市面了。

【青眼鏡】

根據明治十四年十一月一日《東京繪入新聞》的記載：「芝濱松町二丁目的酒商柳屋某人借錢給第九代的市川團十郎[6]，他數度造訪團十郎的家追討債款，但每次家人都說他不在，無法見到面。他心想團十郎會去本鄉春木座表演，於是在途中神田今川橋附近埋伏，結果來了一輛熟悉的人力車。乘坐的人『穿西服，戴著高帽和青眼鏡，如鯰公似的神情』，毫無疑問的，此人就是團十郎……柳屋這麼想著，於是上前擋車，他心想：『終於等到今天，你人都在車上了，總不能又說不在吧，看你怎麼辦。』他湊近一看，發現這位戴著青眼鏡的人竟是受託處理團十郎雜務而奔走的代言人（即律師）……。」因為當時上級官吏經常留著鯰魚般的鬍鬚，所以有「鯰公」之稱。想必政治家當中也有人戴著青眼鏡吧。

【色眼鏡的形象】

根據明治二十一年一月二十日《東京繪入新聞》的記載，有位戴著「青眼鏡」的男人自稱是四谷警察署的偵探（刑事），但他其實是假冒身分。可以猜測，在當時的警察當中稱為偵探的人，往往會戴著色眼鏡。而本章開頭那位搭乘小舟、戴著有色眼鏡的男子，便是日本尚未建立警察機構時負責取締犯罪的公務員。

此外，明治三十二年七月二十七日《都新聞》的小說〈村正勘次〉中出現的有色眼鏡男子（圖一），也是警察裡的「偵探」，在十月十五日的同篇小說甚至還描述了一位戴著有色眼鏡的巡查

（圖二）。目前為止所看到的插畫，它們在文章裡對於有色眼鏡都隻字未提，但畫工松本洗耳很可能是根據角色的形象，而讓他們戴上有色眼鏡吧。

有色眼鏡也有嚇阻對手的效果，其來自於「即使是性格懦弱的人，也可以感覺變得強勢」的特性。明治二十四年十月二日《東京朝日新聞》報導了東京三輪村發生的強盜事件。內容如下：

他們分別戴著灰色高帽與黑色大帽，兩人都戴著青色眼鏡，並以手帕蒙面，這兩位有著書生氣質的男人，虛張聲勢地說：「我們是愛國的有志之士，最近為了政治行動，需要兩百圓。聽說府上很有錢，因此前來商借，雖然很突然，但請你們馬上拿出錢來，我們會依你們的回應而行動。」然而，主人卻淡定地應對，以致強盜的氣勢被壓制了下來，留下木屐頭也不回地逃走了。這是青眼鏡沒有發揮效果的例子，如果是黑眼鏡的話，結果會如何呢？

圖一　明治32年7月27日《都新聞》

圖二　明治32年10月15日《都新聞》

【黑眼鏡】

比青眼鏡更有強勢印象的是「黑眼鏡」。在介紹之前，先來看一篇文章，雖然不確定內容談的是不是「黑眼鏡」。

根據明治十七年十月十六日《東京繪入新聞》所載：「奧州[7]生產的黑水晶開始出口到歐美，其中有相當昂貴的產品，大部分都用於製作眼鏡。據說防止日光方面最有效，因此已經有本國人開始製造眼鏡，雖然要價四圓以上，但若真的有效的話，會是很實用的產品。」

這裡說的正是墨鏡。不過，如文章所述，它不是使用玻璃，而是水晶，這是怎麼一回事呢？怎麼感覺對眼睛不太好，如果是黑水晶的話，還可以稱為「黑眼鏡」，但好像不太實用。因為是使用偏黑色的玻璃製作的才叫「黑眼鏡」吧。

不確定到底是用黑水晶，還是偏黑色的玻璃？從明治二十六年二月七日開始在《大和新聞》連載以「黑眼鏡」為標題的小說。

這位被稱為「黑眼鏡」的人物是地下組織的首領，怎麼看都很奇怪。然而在小說中「黑眼鏡」即將登場時，因為目前《大和新聞》有多期散佚，所以其真面目不得而知，是一個謎。後來找到了它的單行本《偵探小說黑眼鏡》。

圖三　引自榎本破笠《黑眼鏡》（明治26年，弘文館）

雖然單行本只有收錄一部分插畫，但其中有一張描繪了「黑眼鏡」，請各位讀者觀賞（圖三）。

古怪的有色眼鏡男

明治三十一年六月二十日《中央新聞》的小說〈大盤石〉有以下劇情：一位男子到醫院探望政治激進派的朋友，他為了掩飾長相而戴上有色眼鏡。「在社會上有名的」男人為了不受注目而戴有色眼鏡，但反而引起注意，相當矛盾。我並非不能理解他的心理，但還是不太懂。戴上有色眼鏡的心理似乎自古以來都沒改變，不知讀者的想法如何呢？

在報紙小說裡的人物所戴的有色眼鏡大都為黑眼鏡，每個人物都被描寫得很古怪。在明治三十三年五月二十日《都新聞》的小說〈江戶櫻〉有以下描述：「鎌田兵作穿著由柏家提供、以小紋縮緬製成的花俏羽織，茶色的獻上帶[8]，南部萬筋[9]紅絹裏[10]的小袖[11]，戴上當時流行附耳罩的仿冒水獺帽，鼻頭上托著黑眼鏡，千草色[12]的內衣褲搭配雪駄，是一身極為奇怪的穿著。」很可惜這裡沒有插畫。

兵作是一位古怪的人，若要打扮得顯眼，黑眼鏡是必備的。即使有點害羞，但比起這種心情，若想更吸引他人目光的話，相較於「青眼鏡」，黑眼鏡更具有虛張聲勢的效果。

當小說想要描寫特殊行業時，黑眼鏡是經常使用的小道具。但這種行業的人竟然也使用黑眼鏡！在永井荷風的《冷笑》（明治四十三年）中出現了特殊的例子，就是搭乘隅田川一錢蒸氣（類似水上巴士）的明信片小販。

「最後搭乘的黑眼鏡短袖男子，在椅子上打開手提袋，先拿出一、二張明信片。」這位明信片小販戴著黑眼鏡。也許是眼睛不好，或者是為了吸引目光，應該有種種理由，但很可能戴上黑眼鏡之後就可以充滿自信地做生意，有某種心理學的效果吧。

洗耳的道歉

在本章開頭介紹的〈實譚後來的阿梅〉第五十二回插畫（頁二〇一）裡，關於那位坐在小舟的黑眼鏡男子，故事裡說明他名叫彌七，是當時警察機構的官員。

第六十二回對此有以下說明：「在之前的插畫中，刑事彌七戴著黑眼鏡，以及在揚弓遊樂場的模樣等，都與現實不同，請各位讀者諒解這些純屬虛構。今後會多加注意，盡可能不違背當今風俗，更精準地描繪。——洗耳」

想必是因為讀者投書給編輯部，認為當時不可能有戴黑眼鏡的刑事吧。

對於這種讀者投書，在過去連載〈實譚後來的阿梅〉（明治三十四年五月十七日至明治三十五年四月二十六日）的「補白」中有以下說明：「筆者盡可能精準地描述事實，但若有錯誤、讓人疑惑或有其他感觸，請不吝來信告知。」幾乎每天都有許多投書，大部分都和故事有關，有些是針對洗耳插畫的投書，對其作品提出各種要求。在此介紹其中比較有趣的投書：

「關於堀的阿梅插畫，有時畫得很好，有時畫得很糟；很好的是洗耳老師的作品，很糟的到底是誰畫的呢？拜託全部交給洗耳老師畫吧！——銀座四丁目石岡こう（Ko）」

「二十七回的插畫，內文明明是黑暗的夜晚，卻畫了一彎新月，很奇怪。——下谷かやの（Kayano）」

圖四　引自〈後來的阿梅〉第77回，明治34年8月17日《都新聞》

「七十七回的插圖，應該說畫得好？還是不好啊？——靈岸島とめ（tome）女」（圖四）

「洗耳老師啊，外界議論紛紛，有人說您畫得好，也有人說畫得不好，我好不甘心，請您振作一點！——八王子町のぶ子（Nobu子）」

「七十八與八十二回阿梅的和服花樣不同，她帶換洗衣物出門嗎？——吉原中米樓小櫻」

「八十二回的插畫，我一看就哭了。草席上還下雪，實在太過分了。——千葉姉崎大黑屋やすえ（yasue）」

「如果再對洗耳老師的插畫說三道四，我就把鰹魚乾插在你肚子上，然後派隻貓來吃。你這個不懂分寸的白癡！——芝伊皿子公平眼」

「一看八十七回的插畫，就憤怒得被牛奶嗆了一口。——因幡町杉原」

「阿梅的島田髻總是很好看。是哪位結髮師梳的呢？——根津宮永町けい（kei）」

不是用來虛張聲勢的黑眼鏡

眼睛不好的人也會使用黑眼鏡。著名的講談師[13]第一代桃山如燕（一八三二—一八九八）是個貪杯之人，年輕時因眼睛受損而險些失明，後來拜了菅谷的不動尊（此寺廟位於新潟縣新發田市，境內的「御手洗瀑布」自古以來被認為具有治療眼疾的靈力）之後情況好轉。因為有此疾病，所以總是戴著黑眼鏡。他過去曾發生一個插曲，因為在舞台上過於專注，沒有發現黑眼鏡托在鼻頭上，所以當他做出舉手環顧的動作時，不小心將手放在眼鏡上，讓觀眾們忍不住笑了出來。

畫家石井伯亭在明治三十二年左右戴上了灰色平光眼鏡。據說是因為他罹患鼻淚管狹窄症，兩眼不斷滲出眼淚，讓他十分困擾。

在其他的名人中，正岡子規[14]也有黑眼鏡。在他的日記《仰臥漫錄》裡，明治三十四年十月十日的記載如下：「戴著黑眼鏡讀報紙、讀雜誌。」特地戴上黑眼鏡讀報紙和雜誌，十分奇怪，也許是好奇心旺盛的子規才會做出來的事吧。令人好奇這樣閱讀報紙是什麼感覺。

女性的有色眼鏡

除了橫濱的有色眼鏡少女之外，若還有人會戴「有色眼鏡」，應該是女學生或藝妓吧，各位讀者認為呢？

在目前所見的插畫中，明治三十一年十二月《都新聞》刊登的〈偵探實話毒蛇阿政〉裡，主角「阿政」（圖五）是第一個戴有色眼鏡出現的女性。這張插畫的有色眼鏡是為了變裝，是她即將做壞事的畫面。恰巧橫濱少女的髮型是「夜會結」，也和阿政的髮型一樣。

明治三十二年一月二十九日的《都新聞》介紹了下谷藝妓的綽號，其中一位藝妓名叫「夜眼鏡」。她是玉伊勢屋裡二十二歲的真智[15]。根據報導，她取這個綽號是因為「不分晝夜，從未將金框墨色眼鏡摘下」。「墨色」很時髦，看來不是純黑的。

根據同年十二月二十九日的《都新聞》所載：「立花家阿緣[16]一年四季都戴著有色眼鏡，因為頗具姿色，所以很受歡迎，但是一拿下眼鏡就看不清楚，所以客人總是要舉起杯子示意倒酒位置，讓阿緣害羞得臉紅，這種情形還不少呢！」可見當時已經出現有度數的有色眼鏡。

在藝妓之間果然流行著有色眼鏡。明治三十三年一月七日《東京朝日新聞》刊登一篇名為彌生山人的記者所寫的隨筆，這年女學生流行在脖子上綁手帕，這位記者感嘆道：「以前的藝妓除了深川[17]之外，都不會穿羽織，但近來都穿著黑領的家徽和服。過去都說赤腳很瀟灑，甚至連藝妓都不穿足袋，但如今戴著有色眼鏡，並在脖子上綁絹手帕，這種很像病人的打扮成為藝妓的固定裝扮之後，也傳染給一般民眾，總讓我覺得很低俗。」

看來男性對女性的有色眼鏡抱持負評，在明治三十四年三月五日《讀賣新聞》的投書欄裡有人這麼寫道：「沒有比吾妻外套[18]搭配黑色眼鏡更令人討厭，如果是藝妓做此裝扮也就罷了，但正經的年輕婦女和

圖五　明治31年12月17日《都新聞》

小姐都在模仿，真是令人震驚。」

目前我還未找到有關女學生戴有色眼鏡的報紙文章，或許只是還沒遇到吧。我想，無論在什麼時代，女學生都會做這類的事吧！

淺色的有色眼鏡

石井伯亭戴的「灰色平光眼鏡」應該算是「淺墨色」的有色眼鏡。從時尚的角度來看，應該很受女性歡迎吧。上述明治三十一年「毒蛇阿政」的插畫（圖五），阿政的有色眼鏡看起來也是淺色的，同樣在前述明治三十二年「夜眼鏡」的藝妓，她所戴的「金框墨色」眼鏡可能也是淺色的吧。

另外，小山內薰[19]的《大川端》（大正二年）以日俄戰爭結束後明治三十八年左右為時代背景，當中有個場景是在一個名為「龜清」的料亭舉辦扮裝大會。

「藝妓都沒有特殊的點子。達子[20]與三助打扮成御守殿[21]，山子[22]則是模仿女學生，也有人做手古舞[23]、鄉下女孩等裝扮。橡膠阿巴則是從自己的綽號突發奇想，打扮成舶來的橡膠人偶。小里將有著特大帽緣的帽子綁得很時髦，然後戴著淺色眼鏡，繫上郵票花樣的腰帶，並穿著有軍艦花樣裙尾的和服。」

所以藝妓「小里」是以奇特打扮搭配「淺色眼鏡」。

即使有色眼鏡這個名稱變成了「墨鏡」，但在大部分的場合裡，男性走硬派風格，女性則是軟性風格。無論時代怎麼改變，有個性的人還是會以特別的方法來吸引目光，這點是不變的。

蒙面女

明治二十六年二月七日《大和新聞》

〈黑眼鏡〉第一回

這是前一章介紹的小說〈黑眼鏡〉的第一回插畫（如圖）。請注意這位巴斯爾風格女子的臉戴著不像是名為「面紗」（圖一）的時髦網罩。此時不是夏天，所以當然不是「防蚊具」（圖二）——這是開玩笑的啦。

圖一　明治19年11月13日《繪入朝野新聞》

圖二　明治37年5月13日《萬朝報》

圖三　〈蔦紅葉〉的一個畫面。
明治25年12月21日《大和新聞》

描繪這位西服女子的畫家是水野年方。耐人尋味的是，他在《大和新聞》的小說〈蔦紅葉〉（明治二十五年十二月二十一日）中也畫過類似的女子（圖三）。

因為是不同的故事，所以這兩名女子不是同一人，在〈黑眼鏡〉中的描述如下：「一群可疑人士圍著餐桌坐在椅子上，正在討論著某件事。仔細看他們的臉，其中一人是貴婦風格，另外八人則是端莊的紳士裝扮。這八人面向婦人並背對著我，因此我看不到他們的臉。女子正對著我，但她的臉卻蒙上藍色的厚布巾。」換句話說，這張插畫中的女子「蒙著藍布」。

至於另一位〈蔦紅葉〉的婦人又是如何呢？她在一場對話中被提起。內容如下：

偵探苅田：「咦？是你看到那個人啊？」

瀨越龍尾：「是的，而且是蒙面女子，看起來是年過五十的老婦人。」

雖然這麼說，但光從插畫來看，怎麼看都不像是年過五十的老婦人。暫且不談這個，令人好奇的是「蒙面」婦人的想法源自何處？

順帶一提，兩篇小說的作者都是榎本破笠（一八六六—一九一六）。他擅長改編外國作品，據說〈黑眼鏡〉的構想來自法國暢銷偵探小說，而〈蔦紅葉〉則源於另一部外國作品。兩部作品的背景都改為東京。「蒙面婦人」的想法可能也是這麼來的，不過作者似乎不太在乎蒙面的東西是什麼材質、什麼形狀，因此畫工年方也只好這樣描繪了。

用手巾蒙面

無論如何，通常蒙著臉都是因為有不可見人的事，或涉及壞事。話說，被描繪的女子的姿態都非常好，這只是源自畫工的「西洋女性印象」吧。若描繪日本又是如何呢？

私奔的時候可能會想蒙面吧，因此男女往往都將手巾蓋在頭上（圖四）。男子是蓋住臉頰，並在下巴處打結；女子則是含著手巾的邊緣，看起來有點性感。如果是舞台劇風格，這樣描寫也無妨。若實際上這麼做，應該會沾滿口水，因此綁在下巴還是比較貼近真實。

私奔通常都在深夜。在一片漆黑下，照理說不需要蒙面，但還是有見不得人的感

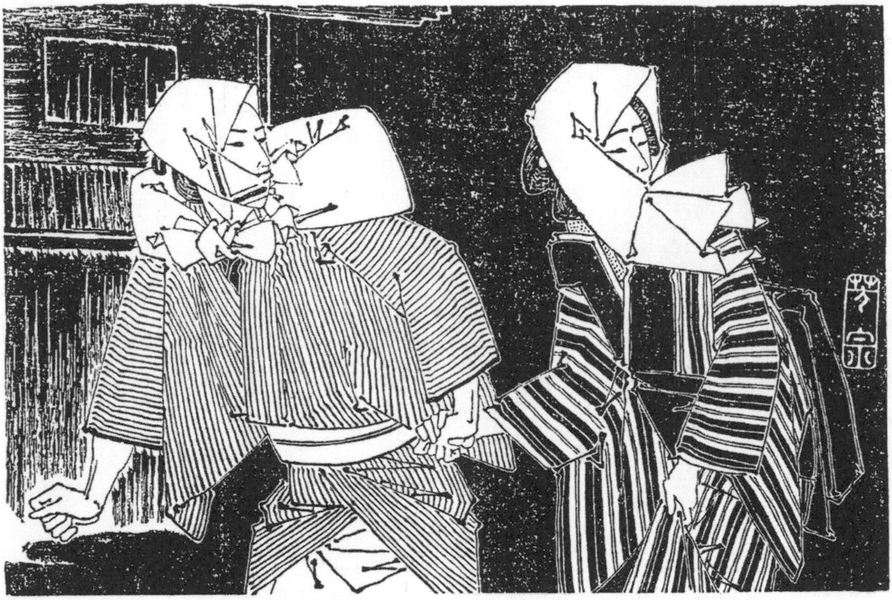

圖四　明治17年8月9日《繪入自由新聞》

覺，所以讓他們蒙上臉，但這麼做反而更加顯眼。這和前一章黑眼鏡的功能頗為相似，非常有趣。

回頭看後方的女子

私奔的女子因為在意後方而回頭。這種「回眸美人」[1]的形式，依女子的心態而有不同的類型。由以下兩個例子可窺知一二。

第一張是悄悄來到男人家的年輕女孩（圖五）。她稍微彎腰，右手抓著下襬，左手則貼在好不容易抵達的男方家門口，因擔心被人看到而一直注意著後方。

圖五　明治23年10月1日《大和新聞》

圖六　明治23年4月6日《大和新聞》

另一張是在暗處拉客，稱為「hippari」（ひっぱり，「拉」的意思）的娼婦（圖六）。她的外貌稍年長，舉止很謹慎。右手抱著草蓆，左手收進袖子裡，為了不被執法人員發現而注意著後方。

雖然情況不同，但兩個人都停下腳步。那一瞬間，她們都感覺到了什麼，於是彎著腰回頭看後方。雖然只是如此，但如果是舞台劇，這會是一個展現演技的精彩畫面。

因為身穿和服，才會有各式各樣的動作，這些都經由具高度審美意識的前人，在舞蹈和舞台劇中逐漸地建立起來，我們也對此產生共鳴，心想「哇！」「太讚了！太絕妙了！」可以想像，巴斯爾婦人做這些動作會很不搭調。

戴著高祖頭巾的女子

從江戶時代開始，已經出現用來蒙面、稱為「高祖頭巾」的衣裳。它原本是禦寒的衣物，因可防止頭髮被吹亂而受到喜愛。若在天氣寒冷時穿戴，就會呈現只露出眼睛的蒙面狀態，如同美國人艾華・S・摩士（Edward Sylvester Morse）[2]的《日本每日》書中的記載，高祖頭巾「通常以紫色縐緬製作，只要戴上它，連外表普通的女性看起來都會很美」。明治三十年左右，高祖頭巾曾在日本全國流行，但早在明治二十年前後的報紙插畫上就很常見了。請見以下五張插畫（圖七至圖十一）。

其中可能有幾種用途：為了禦寒、為了迴避他人的目光、對自己的外貌沒有自信，及綜合這些情形等，但從外觀難以判斷真正的理由，這也是高祖頭巾的優點。

圖八　明治16年12月20日《繪入朝野新聞》

圖七　明治16年11月24日《開花新聞》

圖十一　明治28年6月4日
《大阪每日新聞》

圖十　明治21年12月7日
《大和新聞》

圖九　明治20年1月21日
《改進新聞》

男性也想戴高祖頭巾

如同黑眼鏡，戴上高祖頭巾只露出眼睛，讓人從外觀看不出來是誰。接下來介紹幾則男性因為這個特點而忍不住戴上高祖頭巾的故事。

以下節錄自明治二十七年十一月二十一日《都新聞》：「二、三天前的傍晚，一名婦人戴著灰色縮緬的高祖頭巾、身穿琉球紬的和服，並綁上黑繻子與縮緬的腹給帶（晝夜腰帶）[3]，套上黑縮緬的羽織，穿著のめりの（nomerino）駒下駄[4]，要走進洲崎遊廓的大門。當巡查發現其頭型、臀部的樣子和走路的方式等都不像女性，於是叫住她並上前盤問，請她拿下頭巾才發現原來是一個散髮頭的男子。他因為覺得每次都穿著尻切半纏[5]太無趣了，於是今晚想穿特別一點，而向妹妹借來這些衣裳。不過，男扮女裝觸犯了違警罪（會被科以拘留、罰鍰的輕罪），他被巡查斥責一頓後便垂頭喪氣地回家了。

這個事件算是可愛的，接下來的報導則是明知故犯的違法行為，就不能說是可愛了。明治三十五年三月十七日《讀賣新聞》有則報導如下：「此事發生於前天午後一點左右，在上野公園的不忍弁天境內，一名男子圍著披肩、戴著高祖頭巾閒晃，巡查覺得可疑，於是上前盤查，發現他是專偷旅館的盜賊，（中略）前來參拜弁天神，祈求自己的罪行不被人察覺，真是個奇怪的人。」是一個讓人無言的事件。他是一個男扮女裝且蒙面的旅館盜賊，前來參拜弁天神並祈禱罪行不被發現，但他的香油錢是從哪裡來的啊？

男性戴著或想要戴上高祖頭巾的目的，最極端的例子是在谷崎潤一郎的《祕密》（明治四十四年）。內容如下：

「長襦袢、半襟、腰卷，還有發出『曲曲』聲響的紅絹裏袖——它們給予我如女性肌膚所體驗的觸感，從後頸到手腕塗白，在銀杏卷的假髮上覆蓋高祖頭巾，然後大膽地混入夜裡人來人往的街道上。」

閱讀這一段時總會湧上一股激動，也許那位旅館盜賊也是耽溺於這種快感吧。讓人不禁認為，他除了祈禱罪行不被發現之外，或許也祈求著能夠長久體驗這種滋味吧。

頰冠賊

根據《大辭林》的說明，頰冠是「為了禦寒或防塵，用手巾從頭包到臉頰，並在下巴打結。」但也有明顯不是這樣的例子。例如這些圖片所示，包括小偷等被稱為「賊」的人，為了蒙面而使用。如此看來，頰冠的賊都是將和服向外摺並夾在腰帶處，除了一個例子（明治二十一年十二月十三日《繪入朝野新聞》）之外，所的有人都打赤腳。順帶一提，《繪入朝野新聞》插畫中歹徒穿著稱為「足半」的鞋子，其長度只有普通草履的一半。

明治13年10月27日《有喜世新聞》

明治14年2月15日《東京繪入新聞》

明治11年11月5日《東京繪入新聞》

明治14年9月11日《有喜世新聞》

明治21年12月13日《繪入朝野新聞》

謎樣的黑色口罩

明治二十六年一月七日《大和新聞》

〈保證無病〉

這張圖的地點在上野的山上，時間是櫻花將要綻放時，一名男子「將漆黑的頭髮剪短，穿著絹織的二層小袖，套上斜子[1]三紋羽織，搭配nomeri（請見〈蒙面女〉）的木屐與西式枴杖，並將呼吸器套在嘴上，看起來是一位抱病的人。」（雖然看起來很健康……）。各位讀者應該發現了，套在嘴上的黑色口罩便是「呼吸器」。

根據明治十三年十一月《東京繪入新聞》的廣告（圖一），這個「呼吸器」是東京日本橋馬喰町「平尾贊平」的店售商品。附上「レスピラートル」（resupiratoru）的標音，可能是來自歐美的舶來品。這是什麼樣的東西呢？它宣稱對以下這些人是「一日也不可或缺的良器」：

①肺病
②咽喉疾病
③容易感冒的人
④氣喘
⑤痰咳

圖二
明治25年2月7日《大和新聞》

圖一　「レスピラートル」（resupiratoru）呼吸器的廣告。
明治13年11月24日《東京繪入新聞》

⑥寒冷時風雨無阻前往旅行的人
⑦在船內及各種工廠會吸入藥氣的人
⑧在沙塵中工作的人

根據《明治事物的起源》的描述，明治十二年由日本橋本町的「いわし屋」（iwasi屋）販售這種「レスピラートル」（resupiratoru，呼吸器），另有以下的說明：「呼吸器已經問世很久了，它以金屬板、金線或木炭等製成，種類繁多。」看來相當專業。

另外，這篇〈保證無病〉其實是滋養劑「Health」全版廣告裡的單篇小說。

順帶一提，這張插畫裡戴著呼吸器的男子，其實出現在這個廣告的前一年，明治二十五年二月《大和新聞》的〈憂愁之笠〉第四十一回，插畫中有位同樣風格的男子（圖二）。（可能是）「Health」的相關人士看到這張圖，強烈希望採用這個形象，而將他當作「呼吸器代言人」吧。雖然意涵有點不同，但他的某種個性受到青睞。這兩張圖都出自畫工水野年方之手。

口罩到底是不是黑色的？

一般來說，口罩應該是以「白色」為基調，但不知為何這個呼吸器看起來是黑色的（因為報紙是黑白的，所以無法確定實際的顏色）。然而，從明治十四年二月十三日《東京繪入新聞》的投書可以判斷，它確實是黑色的。投書的內容是一則很沒營養的笑話，內容如下：

「最近有些人用黑布蓋住口鼻在路上行走，那是為了什麼啊？」

「那個叫做呼吸器，據說走在路上時，一些不好的氣味和各種塵埃會隨著呼吸進入體內，這些東西很毒，於是購買在馬喰町賣小町水[2]的平尾氏所發明的呼吸器，並將它戴在臉上行走。」

「夏天也會戴嗎？」

「當然啊！」

「別鬧了，天氣那麼熱，哪能戴上那種東西啊？」

「那還是得戴啊。」

「不對啦，夏天不會戴。」

這個討論沒完沒了，於是他們詢問檀那寺[3]的和尚，結果他說：

「看來夏天也會使用，為什麼呢？前陣子我看到路人悄悄拿下呼吸器的臉……」

「結果呢？」

「發現他鼻子的拉門大開。」

這個對話的笑點好像只是那個人的鼻孔很大。

圖三　明治31年2月22日《大阪每日新聞》

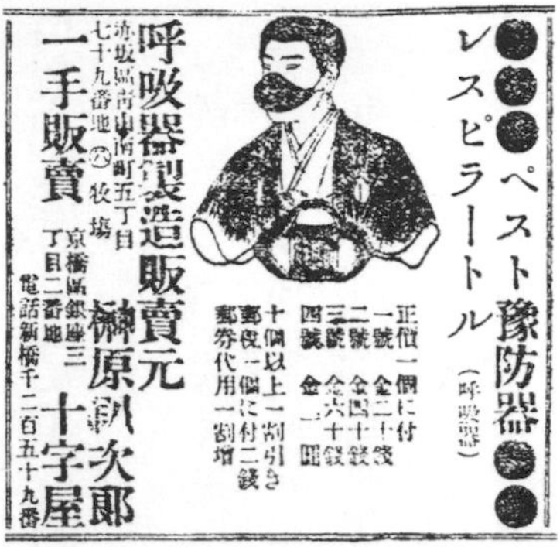

圖四　「鼠疫預防器」廣告，
明治32年12月14日《中央新聞》

爲什麼是黑色口罩呢？

黑色具有某種難以捉摸、深不可測的「黑暗」意象，如「黑眼鏡」、「黑頭巾」等，另外也有「強大」的形象。「怪傑黑頭巾」[4]很強。雖然他是正派人物，但這裡的「黑」意味著「以毒攻毒」，征服「黑暗世界」的反派。

以下的例子是刊登於明治三十一年二月《大阪每日新聞》的〈假面力士〉（圖三），黑色假面力士是反派角色，對手緒方大藏在如鐵般的腿上穿著「黑色緊身褲」，也就是「黑」對「黑」。

當時已經有黑色假面的力士，真是令人驚訝。總之，那個時代如「黑帶」的象徵一樣，不是「黑」的就不強。

在明治二十九年左右日本流行「鼠疫」，也就是黑死病。坊間流傳「去除鼠疫的符」，而「レスピラートル」（resupiratoru，感覺上這個名稱比呼吸器有效果）甚至在明治三十二年十二月被當作一種「鼠疫預防器」而受到歡迎（圖四）。

何時衛生用品變「白」了？

衛生用品是「白色」的，這個印象是從什麼時候開始的呢？我們腦中首先浮現的應該是「護士」的白色制服吧。雖然現在不一定如此，而是非白色的制服居多。

根據《服飾辭典》所載：「潔淨的白帽、白衣、白圍裙的護士服固定形式，先是在英國建立的。一八八四年（明治十七年），櫻井女學校與共立東京病院設置護士養成所，於是日本誕生了西式護士服。他們學習英國的看護技術，也引進了白寒冷紗的護士帽、白色平織棉布、貝殼鈕釦、長裙、維多利亞風格『墊肩』的護士服。」

的確刊登於明治二十八年一月《大和新聞》的護士小姐的制服是白色的。醫師衣服也是白的，還有白色床單、白色繃帶，樣樣都是白的（圖五）。

然而，護士服似乎不是一下子就統一成白色的。在明治二十年東京慈惠醫院的開幕典禮上，護士制服是「灰色窄袖與白色圍裙」。當明治二十七年爆發甲午戰爭時，日本紅十字會的護士服也是「深藍毛織上衣與袴」。

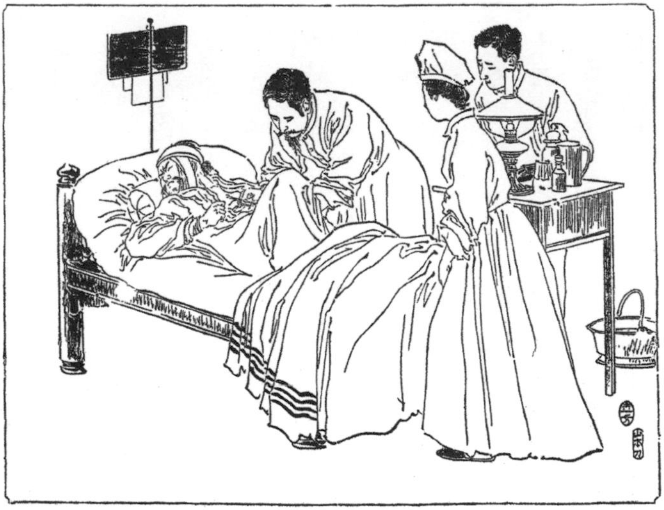

圖五　明治28年1月6日《大和新聞》

圖六　明治26年6月9日《大和新聞》

詳細調查護士的歷史，《近代事物起源事典》提及慶應四年在上野山的戰爭時，重傷者被收容於橫濱大田病院，由兩名女性看護陪伴，這是最早的護士。

時間再往後一點，刊登於明治二十六年《大和新聞》的小說〈朦朧花限〉，描述了明治十年西南戰爭時的事情，護士也出現其中。因為這篇小說完成於戰爭的十六年之後，因此無法判斷其符合現實的程度，但這名護士身上套的是「白色圍裙」（圖六）。

圍裙下是和服，頭上什麼都沒戴，這件圍裙很像後來的烹飪服，實在耐人尋味。因為根據常見的說法，烹飪服是明治三十五年由教授廚藝的赤堀烹飪學校[5]所發明的。

那麼呼吸器（口罩）是從什麼時候開始變成白色的呢？至少目前可以確

圖七　明治35年1月1日《人民》

定的是，在明治三十五年一月名為《人民》的報紙廣告中的「安全呼吸器」是白色的（圖七）。

除此之外，值得討論的是比這則廣告更早的明治十九年十一月《東京繪入新聞》的投書。以「去除臭味」為題，與其說是呼吸器，這裡所描繪的顯然是「白色口罩」（圖八）。

「前陣子報紙上刊登一篇抱怨文章，提到一位健談的結髮師一邊工作一邊聊天，偶爾會噴口水到客人臉上，這讓他很困擾。我認為結髮師應該都戴上平尾製或自製的面具，既可去除口臭，也無須擔心噴口水，可謂一舉兩得，這樣也不會讓客人討厭。——草海伊彌太」

這張插畫看起來是自製口罩，可能是布製的。結髮師與理髮業是衛生產業，翻閱本書介紹的散髮店插畫，套在客人身上的布確實是白色的，因此他們傾向使用白色並不是奇怪的事。

現在的「白色口罩」也許就是以這個「去除臭味」的自製口罩為嚆矢吧。

圖八　明治19年11月2日《東京繪入新聞》

阿染感冒與印振圓左衛門

在今天，戴口罩通常是為了防止花粉症，另外也在「感冒」或「流行性感冒」流行時使用。那麼，這個流行性感冒是在何時傳入日本呢？明治二十二年它在歐美流行，明治二十三年初侵襲神戶和橫濱。同年一月十六日的《讀賣新聞》以「インフリューエンザ病」（infuryuenza 病）[6]這個名稱來介紹。

根據明治二十四年一月十五日的《大和新聞》，為了去除流行性感冒，當時民眾盛行在住家門口貼上寫著「久松不在」的符。流行性感冒也稱為「阿染感冒」，這是因為將它比喻為在淨琉璃與歌舞伎上演出的〈阿染久松〉，「只要說『久松不在』，阿染就不會進來。」是一種咒語。這個表演是「大阪的油店女兒阿染與店家小弟久松，兩人相戀但因身分懸殊而殉情，把這類民間傳說加以改編的作品總稱。」（《大辭林》）話雖如此，為什麼將流行性感冒稱為「阿染」呢？因為流行性感冒會冒冷汗（日文的冷汗是「脂汗」、「油汗」）。若知道上述油店的故事，大概可以理解，但還是很牽強，連當時的記者都這麼寫。

也許因為「流行性感冒」（インフルエンザ）這個外來語仍不為民眾所熟知，因此才想到用「阿染」吧。另外也有「印振圓左衛門」，也就是「インフルエンザエモン」（infuruenzaemon），硬把病名音譯為人名，然後將流行性感冒稱為「圓左熱」。明治二十四年二月四日的《東京朝日新聞》刊登了一篇文章，內容如下：「店家患了圓左熱，把阿染與久松私奔畫面的錦繪當作稻草人，在他們的眼睛和胸口釘上多支釘子，來祈禱去除感冒。」

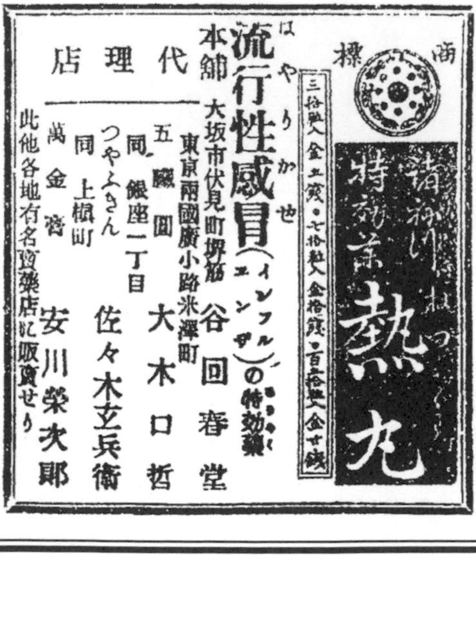

明治24年1月21日
《東京朝日新聞》

護士的室內拖鞋

明治二十六年五月二十八日《大和新聞》

〈朦朧花隈〉第二十四回

這是上一章介紹的關於明治十年西南戰爭小說中的一個畫面。前途看好的陸軍軍人「花野少尉」與東京名門千金「澪子」相遇，兩人進展很順利，約定將來結為夫婦。後來花野前往突然開戰的九州戰地，而且在戰鬥中失蹤了。留下來的澪子十分擔心，某個夜晚她決定離家出走，在百般央求下硬是搭上從橫濱出發的船，最後終於找到收容負傷的花野的醫院，地點在熊本縣水俣初野村。

這張插畫是澪子確認花野平安無事之後，向照顧他的護士與巡查道謝。身穿羽織的女子便是澪子。

❶手提包

可能因為她是出身名門的千金小姐，明明是離家出走，卻身穿正式的外出服裝，手上拿著細

❶ 手提包

❷ 護士的室內拖鞋

圖一　明治16年4月27日《東京繪入新聞》

長的洋傘及相當時髦的手提包。在法國最晚十九世紀末便已開始使用手提包，因此明治十年日本富裕家庭的女性擁有它也不奇怪，但是帶著它離家出走，甚至到戰場，是否妥當呢？

順帶一提，就我目前所見，「拿著手提包的日本女性」的插畫最早出現在明治十六年四月的《東京繪入新聞》（圖一）。

❷護士的室內拖鞋

請注意左方護士的腳底，這是「室內拖鞋」吧。在同一篇小說裡，醫院的護士都這麼穿著（圖二），由此可知是室內拖鞋。

因為當時已引進西洋醫學，所以從衛生方面來看，在醫院裡穿室內拖鞋是理所當然的事。但這張圖怎麼看都是戶外，她似乎是直接從醫院走出來送澪子，但身為一名護士，這種行為未免太不謹慎了。

圖二　明治26年6月8日《大和新聞》

從這位護士已經剃眉來看，她是已婚者，或是寡婦。在小說中，她的名字是武村花乃[1]，是「護士的取締」（也就是現在的「護士長」）。這種身負責任的人穿著室內拖鞋到戶外是對的嗎？雖然沒有描繪到腳踝，但仔細一看，她似乎穿著足袋（因為圍裙下穿著和服）。或許她不想弄髒足袋，或其實有戶外用的室內拖鞋……。

第一位護士

根據《明治事物起源事典》所載：「明治元年（一八六六）戊辰之役（戊辰戰爭）中，在橫濱大病院致力於救護傷者的看護人員，是文獻中最早的護士。」依據插畫的背景，在明治十年西南戰爭時，「看病婦身穿縞木綿的窄袖半纏，配上深藍足袋與草履，以這樣的裝扮活躍於工作現場。」和插畫裡護士的服裝差異很大。

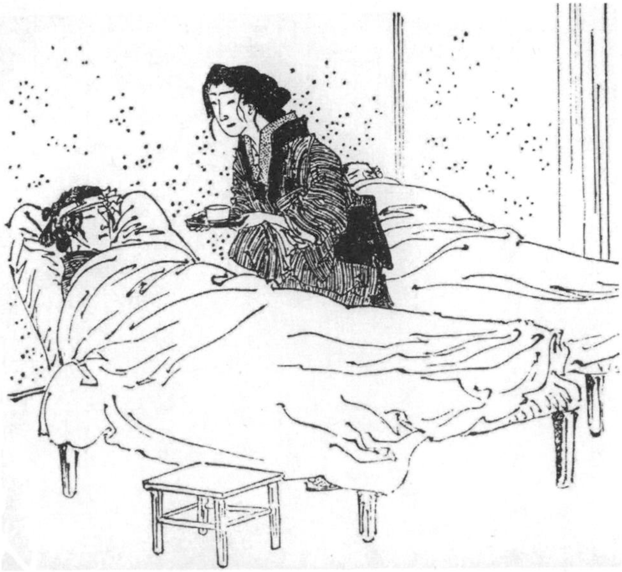

圖三　明治19年12月21日《大和新聞》

這麼說來，西南戰爭時期的護士很可能還未開始穿著室內拖鞋，那麼護士從什麼時候開始穿室內拖鞋呢？或者說醫院從什麼時候開始使用室內拖鞋呢？

讓我們繼續追溯「護士」的起源吧。同樣是《大和新聞》，在明治十九年十二月開始連載的〈蝦夷錦古鄉之家土產〉，是三遊亭圓朝[2]親自旅行取材並彙整而成的故事。在這篇文章裡，出現了戊辰戰爭時期的護士，也就是日本首位護士出現的時期，但地點不是橫濱，而是在常陸國（現今的茨城縣）筑波下神郡村附近的高道祖村，在此一間廢棄寺廟「觀音院」裡設置了「同愛社」醫院。

醫院裡有位名為「阿錄」的女子，以「看病婦」（當時一律這麼稱呼）的身分工作，幸好有一張這位看病婦的插畫（圖三）。仔細觀察，床底下描繪了一點阿錄的腳尖，但她身穿和服，腳上穿的似乎不是室內拖鞋，應該是草履吧。很遺憾的，光是從插畫的世界探究醫院與室內拖鞋的關係，看來是愈追溯愈遙遠了。

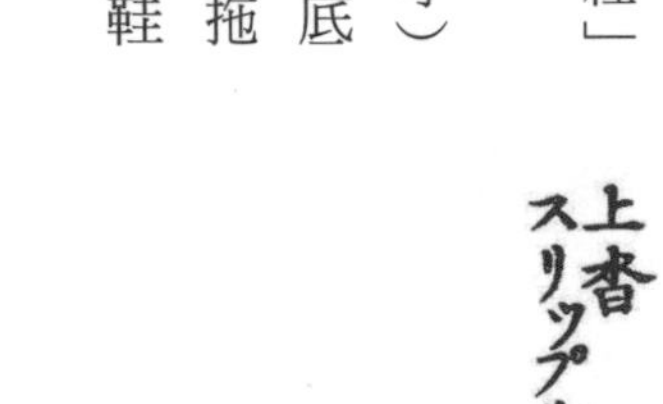

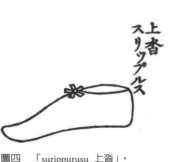

圖四　「surippurusu 上沓」，引自《西洋衣食住》

從「surippurusu」（スリップルス）到「surippa」（スリッパ）

在《明治事物起源事典》中記述西南戰爭時護士穿著「深藍足袋與草履」，那是沒辦法的事。但在明治二十六年的〈朦朧花隈〉裡，為什麼護士們穿著室內拖鞋呢？這應該不會太難理解。

首先，片山淳之介（福澤諭吉）在《西洋衣食住》（慶應三年）中以「上沓・Surippurusu」（スリップルス）的名稱介紹室內拖鞋，是日本首度出現室內拖鞋一詞（圖四）。然而從圖片來看，和我們所熟悉的室內拖鞋不同，是包住腳跟的形狀，很難想像它一開始是以「surippurusu」的名稱被廣為接受，於是我把它的另一個名稱「上沓」換為「上靴」[3]，並搜尋報紙文章，發現了明治九年四月十七日《讀賣新聞》的這篇報導：

東京的「龜戶學校」，「以這個地方的副戶長[4]（譯按：戶長相當於現在的區、町、村長）平岩甚助為首，有幾位人士共同捐款，並捐贈了時鐘、傘、旗子、上靴、木屐、木材等物品。」其中包含了「上靴」與「木屐」。也就是說，因為有些孩童沒有木屐，為了平等而提供木屐吧。這是那個時代的「上靴」。

可能學校是西洋風格，所以在建築物的室內鋪設木地板。為了不弄髒校舍，而禁止在室內穿鞋。由此可知在校內似乎使用了「上靴」，不會穿著室外用鞋大

圖五　明治13年2月8日《東京繪入新聞》

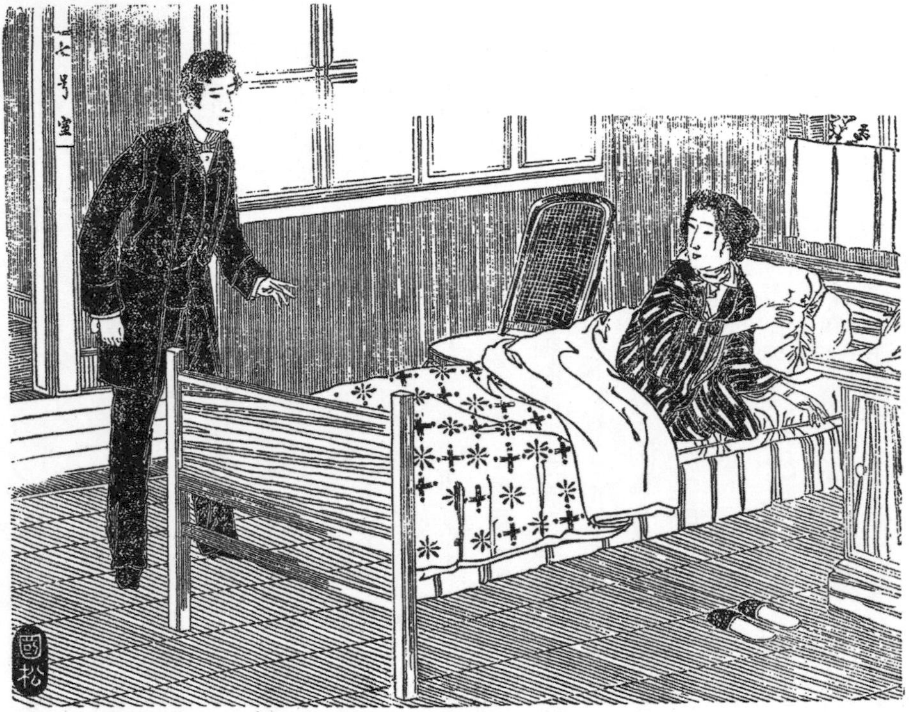

圖六　明治20年9月6日《繪入朝野新聞》

刺刺地進入室內。和現在的小學校一樣，這種思維很有日本的風格。

這裡的上靴很可能類似福澤諭吉所說的「surippurusu」，也可能類似現在的室內拖鞋。如果是和式的「上草履」，就會直接這麼寫吧。

無論如何，報紙插畫首度描繪疑似現今的室內拖鞋，很可能是明治十六年三月的《開花新聞》，該圖的場景是橫濱洋館的浴室內（詳情後述，圖十三）。橫濱洋館的歷史比東京還要早，因此不難想像室內用的拖鞋也出現得比較早。

另外，「surippurusu」的形狀讓我想起中國式的鞋子。在明治十三年二月的《東京繪入新聞》中有一張描繪住在橫濱居留地洋館的支那人（當時中國人的稱呼）正在室內的插畫，乍看之下，他腳上穿著形似「suripurusu」之物（圖五）。若是如此，或許龜戶學校的上靴也是類似的東西。

我大膽推測，如果當時橫濱有製作這種上靴的師傅，而他們將日本的上草履改造為西式鞋，也就是類似現在的室內拖鞋，這麼想也不奇怪了。那麼是什麼時候的事呢？那種鞋子是在什麼地方開始使用的呢？

在醫院使用室內拖鞋

出現室內拖鞋的報紙插畫，大都是在醫院的畫面，這意味著醫院與室內拖鞋密不可分的關係。除了護士之外，住院的病人也會使用（圖六），那麼探病的人也是吧。他們腳上穿的不是看起來雜菌很多的和式上草履，而是室內拖鞋，會產生這種變化，可能是因為民眾對西洋的最新醫學抱持高度的信賴，同時也是對隨之而來的鞋履表達敬意吧。

因為當時的室內拖鞋都是皮革製品，可以立即擦拭殺菌。一般民眾接觸室內拖鞋的機會大都是在醫院，想必在插畫中出現之前早就是這樣了。

爲什麼穿室內拖鞋外出呢？

話說回來，「為什麼護士武村花乃小姐穿室內拖鞋外出呢？」這個疑問依然無解。其實另一張插畫中的護士也疑似穿室內拖鞋外出（圖七），是陪伴甲午戰爭傷病士兵的畫面。既然有了第二

圖七　明治28年3月20日《都新聞》

個例子，與其疑惑「為什麼」，不如說這應該是很普遍的現象吧。

在明治九年五月二十六日《讀賣新聞》的投書中提到，有些日本人造訪他人住家時，竟穿著沾有泥土的鞋踏上榻榻米，投書人認為，在「非穿鞋者禁止入內」的告示牌之處，沒穿鞋子的人必須赤腳上去，因此希望在門口放置上靴。

外國人也就罷了，連日本人都穿著鞋子踏上榻榻米，實在是很奇怪的事。可以推測，日本人在把草履與木屐等換成鞋子的時代，對往昔的鞋履習慣產生了疑惑吧。換言之，在明治十年西南戰爭時期，假設在戰地的護士武村花乃小姐將室內拖鞋——即來自西洋的「上靴」——視為一種「鞋子」，那麼就算她認為可以穿著它自由進出醫院也不奇怪。因此，若將室內拖鞋當作草履的替代品，不難想像有些人不會排斥直接穿它到戶外。

以足袋跣幹活

說到這裡，我開始覺得穿著室內拖鞋外出也沒關係了。事實上，我最近才在地鐵裡看到兩名女中學生，穿著綴有可愛飾品的室內拖鞋，在車內昂首闊步。有時在祭典抬神轎的人也會只穿著足袋。不只是祭典，只穿著足袋在外頭幹活的情形，從以前就大有人在。

連載於明治四十一年《國民新聞》的德田秋聲〈新世帶〉在開頭寫道：「主角總是以襷掛、足袋跣的裝扮工作」。所謂「足袋跣」，是不穿木屐或草履，而只穿著足袋的裝扮，也含有拚命工作的意思。只穿著足袋比較好活動，例如在插畫裡可見有些人力車伕以這種足袋跣的裝扮東奔西跑（圖八）。

順帶一提，橡膠鞋底的足袋大約是在明治三十四年開始流通，廣告中的商品名稱是「ハダシ」（hadashi）足袋[6]。不過在此之前已經有人嘗試把足袋加工，讓鞋底變得更厚。

明治四十二年二月二十八日的報紙《日本》刊登了日本橋通某家和服店小弟的感想：「我剛剛說過，店員分成一到七等，五

圖八　明治14年11月25日《東京繪入新聞》

圖九　明治11年5月19日《東京繪入新聞》

圖十　明治27年7月8日《東京朝日新聞》

圖十一　明治27年9月16日《都新聞》

等以下都是直呼名字，另外，若店員穿著草履的話，對客人太失禮了，因此是足袋跣的裝扮，可是足袋經過一天就會全黑，因此大家都會在足袋上再套足袋。上級的人還好，像我們就得自掏腰包，實在很困擾。」

原來是足袋上再套足袋，也就是說，和穿上襪子後再穿上鞋子相同。既然如此，外出時穿著室內拖鞋避免弄髒足袋的想法是很合理的。

嚴禁穿鞋

明治時代的人們外出時大都穿著木屐或草履、草鞋，若經濟貧困，也有人直接赤腳。若是取水，反正腳都會弄濕，所以赤腳也無妨（圖九）。如果自認腳底夠硬，就會赤腳拖人力車（圖十）。即使不是這樣，在那個很少鋪設道路的時代，人們回家後還是會先坐在門口的上框，把腳洗乾淨再上去（圖十一）。這張插畫中穿著深藍足袋跣的車伕在東奔西跑後回到家裡，女兒在一旁為他準備了手巾，可見日本人喜歡潔淨的生活。在東京，每個町至少會有一間公共澡堂，這位車伕應該也是在家裡用餐後就去澡堂吧。他坐著的上框，便是內、外的界線，這種區分和歐美不同。

現在的日本人已轉變為穿著鞋子生活，但進入室內時，大都還是會脫鞋。雖然周遭的事物幾乎都西歐化了，但鞋子還是會收納在玄關的鞋櫃裡，或直接脫下鞋後置於玄關。唯獨進入室內時脫鞋的習慣從未改變。

圖十二　明治16年6月28日《繪入自由新聞》

根據《舶來事物的命名》的記載：「在日本，室內拖鞋的普及似乎和西洋建築的普及有密切關係。對明治初期的庶民來說，西方建築高不可攀，西方人雖穿著鞋子進入室內，但日本人卻不被允許，因此以室內拖鞋來取代以往的室內鞋。」

然而，我對此抱持疑惑，因為西方人未必會為日本人準備室內鞋。根據明治十六年六月《繪入自由新聞》的插畫，日本商人未穿著室內鞋，而是直接穿足袋被帶到西式房間裡，一副鞠躬哈腰的模樣（圖十二）。但或許這是日本人進入室內時的良知吧。或許西方人本來就沒有提供室內拖鞋給客人使用的習慣？

因為日本人沒有穿鞋進入別人家的習慣，因此會理所當然地脫下鞋子。在這種時候日本人應該會無法理解——西方人竟然若無其事地在這麼美麗的地毯上穿鞋。總之，足袋髒了就換掉，回家後再清洗即可。

西方人在哪裡穿室內拖鞋？

當時的西方人到底在哪裡穿室內拖鞋呢？因為在室內都穿鞋，除非脫了鞋，否則就沒有機會穿室內拖鞋。依常理推測，可能是洗完澡上床之前，或是就寢後需要去洗手間時，再或者是已經將襪子脫下時，他們才會穿上室內拖鞋。

前文提到刊載於明治十六年三月《開花新聞》的一張插畫（圖十三），描繪了橫濱百二番館英國人住處的浴室裡，一位穿著室內拖鞋的洋妾（西方人的妾）。就目前所知，這張圖是首度描

圖十三　明治16年3月24日《開花新聞》

圖十四　明治33年3月21日《大和新聞》

繪室內拖鞋的報紙插畫。無論如何，從這張插畫可以知道，西方人應該會在浴室附近穿著室內拖鞋。

除了在自己家外，西方人會在什麼情形下脫鞋入室呢？那就是進入日式房屋時。如果在幕末，也許會直接穿鞋進去，但他們應該馬上就會理解這是很沒有常識的行為。想必日本人已考慮到這種情形，會為他們準備日本傳統的「室內鞋」。

然而，西方人即使脫下鞋子，還是會穿著襪子，這樣就很難穿上室內草履，於是室內拖鞋便隨之出現。

這裡有一張客人在遊廓[7]穿室內拖鞋的插畫（圖十四）。他是日本人，當然西方人也會去遊廓，不難想像，遊廓裡會為西方人準備室內拖鞋。在這張插畫裡，日本人很理所當然地穿著室內拖鞋，由此推測，最晚在明治二〇年代，或更早之前，遊廓就準備室內拖鞋了。

順帶一提，插畫裡的花魁[8]穿著很厚的室內草履，那是因為她穿了很長的「拖地裙尾」，所以才會如此。

圖十五　明治23年3月21日《大和新聞》

演員也很早就開始穿室內拖鞋

這是一個例外，明治二十三年三月的《大和新聞》（圖十五）刊登了一張東京新富座後台前放著室內拖鞋的插畫。它好像若無其事地放在那裡，但這裡不像是西方人會出入的場所，和醫院應該也沒什麼關係。若需要室內鞋，應該會使用室內草履。有一篇關於室內草履的報導提到了醫生，那麼有沒有提到「室內拖鞋」呢？總之，先看看明治十二年一月九日的《東京繪入新聞》吧。

「在新富座有個規定，除了演員，其他人都不准在後台穿室內草履。但前天宗十郎演完判官後突然老毛病發作，便立刻請醫生過來。這時讓醫生穿上室內草履進入病人的房間，後台的管理人喜知六認為這違反了座則（新富座的規則），他自以為是師直[9]，以這種角色的身分來為難人，而末廣屋也貫徹了判官的角色，連接送都不要，就自己回家了。」演員的性格是對演出內容也會很積極地採用新的事物。我猜想，可能是演員去診所或醫院時看到室內拖鞋覺得很有趣，便毫不猶豫地開始使用室內拖鞋吧。

室內拖鞋在室內鞋中地位最高

有趣的是，在劇場裡，演員是地位最高的人，所以可以穿室內草履。相撲的行司[10]，則是從赤腳的菜鳥行司開始，接著被允許穿足袋，最後爬到可以穿草履的地位。在演員的世界裡，地位最高的人原本是穿室內草履，但後來上面又多了「室內拖鞋」吧。

在這個意義上，觀察明治二十一年五月《大和新聞》的插畫（圖十六），可以發現主人穿著室內拖鞋，但來訪的年輕男子卻只穿著襪子。這說明著「我是這個家的主人」的心態，若對照第二四四頁圖十二裡西方人對鞋子的看法，真是有趣。或許對當時的日本人來說，在自家穿著室內拖鞋是一種地位的象徵。當家裡有訪客時，為他們提供室內拖鞋的習慣，是後來的事情了。

室內拖鞋的價值觀，由此可見日本人的美感

現代人並非以這種眼光看待室內拖鞋了。將它提供給訪客，是為了不讓客人的襪子沾染到家裡

圖十六　明治21年5月1日《大和新聞》

的灰塵（即使已打掃過），雖然不至於是卑微的謙讓美德，但總之它是一個小道具；一來表示對客人的尊重，二來不讓訪客襪子的汙垢沾到自家的高級地毯。

重要的是，在如此歐化的時代，大部分的家庭還是習慣在玄關脫下鞋子。從玄關進入屋內時，有個脫鞋的小空間，即使公寓沒有上框，但還保留著一點的高度。和明治時代一樣，只能在這個小空間穿鞋。現在外出時通常會穿鞋，若只是到附近則穿拖鞋。

最後再回頭看，明治十年醫院護士武村花乃小姐穿著室內拖鞋外出，沒什麼好大驚小怪了，因為那只不過是被當作「便鞋」。如果穿著足袋的話，不就只能穿便鞋嗎？因為室內拖鞋的前端是包頭的，可以讓足袋不沾染泥土和灰塵。若這麼想，它不就是很衛生的便鞋嗎？先這麼下結論吧。

外行人的後記

無論文章或插畫，明治時代的報紙以三〇年代以前較為有趣。有趣之處不在於歷史，而是因為與日本人的生活息息相關。大致上是日俄戰爭之前的年代。那是江戶時代出生的日本人正面對文明開化浪潮，並且想盡辦法跟上這波潮流的時代。而那也是人們冒著冷汗，小心翼翼地不要扣錯和服底下的襯衫鈕釦的時代。對生活幾乎完全歐美化的日本人（例如我）來說，不禁會想：「咦？你竟然這麼做？」「咦？為什麼？」等等，這些江戶式日本人的舉動及不斷摸索的過程，讓人感到興味盎然。

然而，這個「有趣」是經過一百數十年之後，我們仍然繼承的「某種很日本人」、「刺激了日本人ＤＮＡ」的什麼，在報紙插畫裡都很清楚地被描繪出來。這也是拜報紙插畫的畫工所賜。特別是我很喜歡的歌川國松、水野年方、松本洗耳等人，真的感激不盡。

自我開始閱讀明治時代的報紙以來，已經過了三十五年。這些報紙大都收藏於國會圖書館，另外也承蒙江戶東京博物館圖書室所提供的資料。在這段期間，我收集了令人好奇的文章、插畫、廣告，但是光靠這些資料冒充內行實在很辛苦。一開始動筆就走入迷宮，不過我還滿喜歡迷宮的，所以不斷地往前走，有時候會走到意想不到的目的地。將那些東西集結起來，就成了這本書。儘管如此，外行人畢竟是外行人，硬充當內行應該會有不少錯誤吧。但看在介紹了這麼多插畫的份上，還望讀者見諒。

在出版過程中，我對編輯山田智子小姐、設計師中村健先生提出種種麻煩的要求，很感謝兩位。妻子林節子也一如往常地協助處理很多麻煩的事情，而終於得以集結成書。對於其他與此書相關的人士，本人在此由衷感謝。

林丈二　寫於平成二十八年八月二十二日，九號颱風襲擊中

譯註

前言

1 繪入即附圖、插畫之意。
2 「チョビ助」一詞出現於書名。本書書名原文為「文明開化がやって来た　チョビ助とめぐる明治新聞挿絵」。
3 散切頭即斷髮後的髮型。
4 講談即日本傳統的說書。
5 越路，位於日本新潟縣中部的地名。

說到文明開化，就是散切髮啦

1 原文為「冨士床」。
2 丁髷，日本明治維新以前男子梳的髮髻。
3 於玉池（於玉ヶ池），位於東京神田的池塘，現已不存在。
4 旭硝子，日本專門製造特殊玻璃與陶瓷材料的公司，成立於一九〇七年。現已改名為ＡＧＣ。
5 泉州堺是日本大阪地名。
6 「玻璃漏障子」即玻璃門。
7 日文的「有平」讀音為Aruhei。室町時代，西元一三三六年至一五七三年。南蠻，日本早期對「西方」的統稱。
8 ハサミ即剪刀或夾子。
8 「草履」為日式人字草屐拖鞋，「上草履」則是室內穿的草屐拖鞋。
9 人名，全名不詳。
10 「羽織」是和服的外衣。

11 「半纏」是和式短上衣。
12 日本和服的下裳。
13 兩國是東京地名。

女梳頭師完全沒變

1 櫛（即梳子）與笄，早期的梳髮用具。
2 元結，早期梳髮用的油與帶子。
3 原文為「一見さんお断り」。

在簷廊上洗髮

1 樋口一葉（一八七二—一八九六），本名樋口夏子，日本明治初期的女作家，以短篇小說聞名，作品多描述底層階級的生活實態。
2 錢湯即公共澡堂。
3 町家，居住於城市的老百姓（商人居多）住宅，並設商店與住家。
4 「苦沙彌」是日文「打噴嚏」（くしゃみ）的諧音。
5 安德烈·德爾·薩爾托（Andrea del Sarto, 1486-1530），文藝復興時期歐洲佛羅倫斯的藝術家。

待合的置帽處

1 シャップ即シャッポ，源自法文chapeau，帽子的意思。

冰店的季節

1 勝海舟（一八二三—一八九九），日本幕末政治家，幕府海軍負責人。
2 上野精養軒，老字號西餐廳，一八七二年成立。
3 羽子板，日本傳統工藝品，有花樣的木板。
4 原文為「山崎おとら」，おとら讀作Otora。
5 原文為「大塚おくま」，おくま讀作Okuma。
6 原文為おひろ，讀作Ohiro。
7 大陸應是歐亞大陸。

雨天的裝扮

1 長屋，隔成多戶的長形房屋，是日本傳統的集合住宅。
2 元祿時代，西元一六八八至一七〇四年。
3 號碼的日文是「番号」，因此稱為「番傘」。
4 原文「shigoki」（しごき），一種腰帶。
5 毛繻子，由棉線、毛線交織而成，平滑有光彩的紡織品。
6 鹿鳴館，興建於一八八三年的東京，是日本明治時代用以接待外賓的宴會場所。「鹿鳴館時代」，一般是指明治一〇年代後半。
7 腰卷，日本女性穿在和服內的貼身內衣。
8 碓冰峠，現今日本群馬縣安中市松井田町和長野縣北佐久郡輕井澤的交界處。
9 「羅宇」的日文發音與寮國近似。
10 「美濃」是現在的日本岐阜縣，「紀州」是和歌山縣。

長屋的小保姆

1 裏長屋，後街陋巷的長屋，通常為貧民、下層武士等居住的地方。

2 原文為おしず（Oshizu）。

3 「鉢」是「盆」之意。

4 棟割長屋，隔間數戶合住的長屋。另外，小說篇名原文「にごりえ」，此處採用林文月的中譯篇名「濁江」。內文則由本書譯者重新翻譯。

5 破爛的竈，有關「竈」，請參見〈裏長屋的玄關是廚房〉。

6 戶板，門板

7 障子，日式的紙拉門

8 原文為「時代物」，一般指取材自明治時代以前的人事物而創作的戲劇、文學。

貧窮與病人

1 深川六間堀為東京地名。

2 原文おこと（Okoto）。

3 原文おしう（Oshiu）。

4 原文為「姊弟」。因為與同段落「兄妹」的描述有異，在不影響文意的前提下，此處暫且以「兒女」譯之。。

5 河竹默阿彌（一八一六—一八九三），歌舞伎編劇，《水天宮利生深川》是他的作品之一。

6 貫是日本古時候的通貨單位。

7 人形淨琉璃，日本傳統布偶戲。

8 原文「渋団扇」，是一種塗上柿子汁液的扇子，較為耐用，適合日常生活使用。

9 原文「焜炉」，是輕便的家用小爐具。

10 厘是日本貨幣單位，十厘為一錢。

11 江戶即東京，這裡是指從德川時期的「江戶」到明治維新以後的「東京」都是如此。

12 日本的「近世」大約在十六世紀至江戶時代末期。

貧窮中的餘裕

1 請見〈貧窮與病人〉。
2 以菰編織的屏風。
3 齋藤綠雨（一八六八—一九〇四），本名齋藤賢。小說家、評論家。

裏長屋的玄關是廚房

1 土間是指日本傳統家屋的泥地部分，位於室外與室內的交界處。
2 上框是指玄關的階台處，日式住宅從門口往上進入室內時的橫框。
3 朱金是江戶時代流通的金幣。
4 足袋，分趾鞋襪。
5 柳亭種彥（一八三八—一八八五），小說家，又名高畠藍泉。
6 泉鏡花（一八七三—一九三九），小說家。
7 銘銘膳是一種矮腳餐桌。
8 「銘銘」即「各自」的意思。

哇，手槍吔！

1 本所是東京地名。
2 牛込是東京地名。
3 一般認為江戶人較為性急。
4 二葉亭四迷（一八六四—一九〇九），小說家、翻譯家。

5 吉原是江戶時代東京著名的花街。
6 一合約為一百八十毫升。
7 条野採菊（一八三二—一九〇二），作家、新聞工作者。

身穿襯衫的書生

1 腰張在〈貧窮與病人〉一章有詳細介紹。
2 芝是東京地名。
3 襦袢，穿著和服時外衣與內衣之間的中衣。「半襟」則為襦袢的領口。

圍巾與手帕

1 鳥子，一種和紙，以瑞香科的雁皮製成，表面光潤，因顏色近似鳥卵而得名，紙質堅韌耐用。
2 偽裝為居酒屋的賣春場所。

咬手帕！

1 厚生館，社區的活動中心，以促進社會福利、提供生活諮詢、舉辦文化活動、方便居民交流等為目的。
2 大名，日本江戶時代直屬將軍並領有一萬石以上俸祿的武士，中文通常譯為「諸侯」。
3 羽二重，日本的一種絲織品。
4 懷紙，隨身攜帶的和紙，有許多用途，如書寫用紙、手帕、盛物器皿等。

女學生與腳踏車

1 小杉天外（一八六五—一九五二）本名小杉為藏，日本小說家。

2 女學校，即「高等女學校」。當時女性自小學畢業後，有幾個升學選項：高等女學校、實業學校、高等小學校。
3 A六番女學校，一八七〇年由基督教長老教會創辦的學校，是現今女子學院的前身之一。
4 「新妻」的日文，是新娘的意思，但也可能是姓氏。
5 三紋羽織是繡有三處家紋的羽織和服。
6 二重織是正面和反面皆以兩種線編織的織品。
7 キレー水（kire水），日文「綺麗」（意為漂亮的、美麗的）的讀音。
8 原文おえつ（oetsu）。
9 此處的號令不知為何，或為人聲，或為腳踏車的鈴聲。
10 原文たけ子（Takeko）。
11 一種西式束髮方式。
12 原文おきん（Okin）。
13 劇畫是一種日本漫畫，畫風和劇情皆強調寫實。
14 菩提寺是日本一種寺廟的形式，在此世世代代埋葬祖先遺骨。
15 過去帳是一種佛具，記錄已故者的姓名、生卒年月日等的冊子。

有色眼鏡是什麼顏色呢？

1 雪駄，竹皮草屐。
2 繭玉，日本過年時一種祈願用的裝飾品。
3 初卯，過年後的第一個卯日，日本江戶時代的習俗，會在初卯時參拜妙義神社。
4 印半纏，背上印著家徽等的半纏。
5 紀元節，戰前日本的四大節日之一，日本開國神話中第一任神武天皇登基的紀念日。
6 市川團十郎，歌舞伎的世襲藝名。
7 奧州，舊地名，相當於日本現今東北地區。
8 獻上帶，上等博多織腰帶，因江戶時代黑田藩呈獻給幕府作為貢品，故稱為「獻上帶」。

9 萬筋，以兩條不同顏色的線所織成的條紋。
10 紅絹裏，紅絹是染成緋紅色的絹織物，紅絹裏是指以紅絹製成的和服內裏。
11 小袖，袖口較小的和服。
12 千草色，偏綠色的淺藍色。
13 講談，日本的傳統藝能，類似台灣的講古。
14 正岡子規（一八六七—一九〇二），日本文學家，創作俳句、短歌（皆為日本短詩）以及小說等。
15 原文まち（Machi）。
16 原文おえん（Oen）。
17 深川是東京地名。
18 吾妻外套，日本明治中期流行的和服外套，以西服衣料製作，長及裙尾。
19 小山內薰（一八八一—一九二八），日本劇作家、編劇。
20 原文たつ子（Tatsuko）。
21 御守殿，江戶時代嫁入三位以上諸侯家的女性，這些人主要是將軍家的兒女。同時也指稱伺候這些女性的仕女，及她們的打扮。「三位」是過去律令制度下的身份位階。
22 原文やま子（Yamako）。
23 手古舞，祭典上由藝妓女扮男裝進行的餘興舞蹈。

蒙面女

1 日本江戶時代著名的浮世繪畫家菱川師宣的經典作品。
2 艾華・S・摩士（Edward Sylvester Morse, 1838-1925），美國的動物學者，明治時代曾任教於日本東京大學。
3 內、外以不同布料製作的女用腰帶。
4 のめりの駒下駄，有兩枚屐齒，且前方屐齒是傾斜的木屐。
5 尻切半纏，長度只到腰部的短型半纏。

謎樣的黑色口罩

1 斜子即斜子織，又名「魚子織」，運用織線經緯變化，使變面呈現魚卵形狀的一種織法。
2 小町水即化妝水。
3 檀那寺，以某家族為施主的寺廟，與菩提寺性質相似，請參考〈女學生與腳踏車〉單元的「菩提寺」註釋。
4 《怪傑黑頭巾》是日本出版於一九三五年的小說，後來也陸續拍成了電影和電視劇。
5 即「赤堀割烹教場」，明治十五年（一八八二）由赤堀峯翁所創辦的料理學校。
6 現代日語的寫法是「インフルエンザ」。

護士的室內拖鞋

1 原文武村かの（Kano）。
2 三遊亭圓朝（一八三九—一九〇〇），日本落語家。
3 日文裡「鞋」與「靴」是一樣的意思，「上靴」意思是「室內穿的鞋子」，「上草履」則「室內穿的草履」。
4 戶長相當於現在的區、町、村長。
5 現今日本的中小學，也是進校舍時必須換鞋。
6 ハダシ即赤腳，漢字是「跣」。
7 官方認可的妓院。
8 遊廓的妓女中地位較高者。
9 當時宗十郎（即末廣屋）正扮演「假名手本忠臣藏」（歌舞伎劇名）裡的「判官」角色，在戲中，判官一直受到「師直」這個角色的為難。這篇文章以此比喻後台管理人的刁難。
10 行司即裁判。

參考文獻

片山淳之介，《西洋食衣住行》，一八六七。

平出鏗二郎，《東京風俗誌》，富山房，一九〇二。

芳賀矢一、下田次郎編，《日本家庭百科事彙》，富山房，一九〇六。

高村光雲，《光雲懷古談》，萬里閣書房，一九二九。

藤村衛彥，《明治風俗史》，春陽堂，一九二九。

日置昌一，《博學事典》（ものしり事典）風俗篇（上下卷），河出書房，一九五二。

日置昌一，《博學事典》（ものしり事典）文化篇，河出書房，一九五三。

澀澤敬三編，《明治文化史》生活篇，洋洋社，一九五五。

關根默庵，《講談落語考》，雄山閣，一九六〇。

荒川惣兵衛，《角川外來語辭典》，角川書店，一九六七。

齋藤月岑，《武江年表2》，平凡社東洋文庫，一九六八。

森銑三，《明治東京逸聞史1》，平凡社東洋文庫，一九六九。

植原路郎，《明治語典：以「語言」描繪風俗誌》（明治語典：「言葉」で描く風俗誌），桃源社，一九七〇。

石井柏亭，《柏亭自傳》，中央公論美術出版，一九七一。

篠田鑛造，《銀座百話》，角川選書，一九七四。

小野武雄編，《生意往來風俗誌》（商賣往來風俗誌），展望社，一九七五。

加藤秀俊，《明治大正昭和食生活世相史》，柴田書店，一九七七；《服飾辭典》，文化出版局，一九七九。

岡本誠之，《剪刀》（鋏），法政大學出版局，一九七九。

槌田滿文，《明治大正風俗語典》，角川選書，一九七九。

長谷川時雨，《舊聞日本橋》，岩波文庫，一九八三。

山本笑月，《明治世相百話》，中公文庫，一九八三。
落合茂，《洗滌風俗史》（洗う風俗史），未來社，一九八四。
根岸競馬記念公苑學藝部編，《明治橫濱車馬的繁華熱鬧：文明開化的馬文化展》（明治橫濱車馬のにぎわい：文明開化の馬文化展），根岸競馬記念公苑，一九八六。
松原岩五郎，《最黑暗的東京》（最暗黑の東京），岩波文庫，一九八八。
青木英夫，《內衣流行史》（下着の流行史），雄山閣出版，一九九一。
富田仁，《舶來事物的命名》（舶来事物のネーミング），早稻田選書，一九九一。
紀田順一郎，《近代事物起源事典》，東京堂出版，一九九二。
井上光郎，《寫真事件帖：明治大正昭和》，朝日ソノラマ，一九九三。
吉井敏晃，《物品的履歷書》（モノの履歷書），青弓社，一九九三。
《建築大辭典》，彰國社，一九九三。
小泉和子，《家具》，東京堂出版，一九九五。
克拉拉．惠特妮（Clara Whitney）著，一又民子等譯，《勝海舟的媳婦克拉拉的明治日記》（上下卷），中公文庫，一九九六。
石井研堂，《明治事物的起源》（共八卷），筑摩學藝文庫，一九九七。
野口孝一，《銀座物語：探訪煉瓦街》（銀座物語：煉瓦街を探訪する），中公新書，一九九七。
下川耿史家庭總合研究會編，《明治大正家庭史年表一八六八—一九二五》，河出書房新社，二〇〇〇。
仲田定之助，《明治生意往來（明治商賣往來）》，筑摩學藝文庫，二〇〇三。
宮地正人、佐藤能丸、櫻井良樹編，《明治時代史大辭典》（共四卷），吉川弘文館，二〇一一—二〇一三。
春山行夫，《紅茶文化史（紅茶の文化史）》，平凡社ライブラリー，二〇一三。
艾華．S．摩士（Edward Sylvester Morse），《日本每日》（日本その日その日），講談社學術文庫，二〇一三。
《文藝界》臨時增刊（特集東京風俗），金港堂書籍，一九〇四年一月。
《浮世繪誌》第三十一號，藝艸堂，一九三一年八月。

國家圖書館出版品預行編目(CIP)資料

文明開化來了：與「路上觀察之神」一同翻閱明治時代的生活畫卷 / 林丈二作；鳳氣至純平, 許倍榕譯. -- 初版. -- 新北市：遠足文化, 2019.05
面； 公分. -- (歷史.跨域；9)

ISBN 978-957-8630-94-9(平裝)
1.風俗 2.風俗畫 3.生活史 4.日本

538.831 108001064

遠足文化　　讀者回函

歷史・跨域09

文明開化來了：與「路上觀察之神」一同翻閱明治時代的生活畫卷

作者・林丈二｜**譯者**・鳳氣至純平、許倍榕｜**責任編輯**・龍傑娣、林育薇｜**校對**・楊俶儻｜**封面設計**・黃子欽｜**出版**・遠足文化事業股份有限公司・第二編輯部｜**社長**・郭重興｜**總編輯**・龍傑娣｜**發行人兼出版總監**・曾大福｜**發行**・遠足文化事業股份有限公司｜**電話**・02-22181417｜**傳真**・02-86672166｜**客服專線**・0800-221-029｜**E-Mail**・service@bookrep.com.tw｜**官方網站**・http://www.bookrep.com.tw｜**法律顧問**・華洋國際專利商標事務所・蘇文生律師｜**印刷**・崎威彩藝有限公司｜**排版**・菩薩蠻數位文化有限公司｜**初版**・2019年5月｜**定價**・380元｜ISBN・978-957-8630-94-9